民族がわかれば中国がわかる

帝国化する大国の実像

安田峰俊
ルポライター

832
中公新書ラクレ

はじめに

中国人の身分証

多くの日本人は、「民族」という言葉をあまり日常的に意識していない。

もちろん、日本にも多くのマイノリティが存在する。たとえばアイヌはれっきとした日本の少数民族だ。ただ、明治初期から日本政府による同化政策が進められた結果、現在のアイヌの人口は1万3000人ほどにとどまり（出自を明かさない人も含めればもうすこし多い）、名前も日本名を名乗っている。本州以南に住む日本人がアイヌを身近に感じることは、残念ながら簡単ではない。

沖縄人や在日コリアンも、定義によっては日本の少数民族である。ただ、その当事者を含めて、そうした認識が社会で広く支持されているとはいえない。

そのため、大多数の日本人は、自国の少数民族について考える機会がすくない。社会生活のなかで、自分自身が「なに民族か」を意識した経験がある人もほとんどいないはずである。

いっぽう、隣国の中国は状況が異なる。

彼らは公的な定義だけでも、56の民族を擁する多民族国家なのだ。

もちろん、中国の約14億人の人口のうち約91％は、多数派である漢族で占められている。ただ、たとえばチワン族が約１９５７万人、ウイグル族や回族・ミャオ族がそれぞれ約１１００万人以上もいるなど、日本の九州地方の人口に迫るかそれを上回る人口の〝少数民族〟も多くいる。

中国全土において、少数民族が一切住んでいない省や直轄市は存在しない。２０２２年に選出された中国共産党第20期の高官、すなわち２０５人の党中央委員のなかにも、モンゴル族・ウイグル族・トウチャ族・チベット族・カザフ族・ペー族・チワン族・回族などのメンバーが含まれている。中国の企業経営者やスポーツ選手、歌手、芸能人などにも、少数民族出身者はすくなからずいる。

そもそも中国において、「民族」は日本よりもずっと身近である。

たとえば、中国人の全員が携帯を義務付けられているＩＤカード「第二代居民身《ディーアルダイジュイミンシェン》份証《フェンヂェン》」には、名前や性別とともに「民族」という項目がある。身分証は高速鉄道や飛行機の利用、ホテルの宿泊などさまざまな場面で提示が求められる（ＩＣカードリーダーで読み込ませることが多い）ため、中国人は日々、自分が「なに民族か」が書かれたカードを目にしながら暮らしている。

しかも、中国において、個人がどの民族に属するかはセンシティブな情報ではない。むしろ、公的な場で真っ先に明かされるデータである。

たとえば、２０２２年10月に国営通信社の新華社が公開した習近平の略歴の冒頭部分はこうだ。

習近平、男、漢族、１９５３年６月生、陝西富平人、１９６９年１月参加工作、１９７４年１月加入中国共産党、清華大学人文社会学院馬克思《マルクス》主義理論与思想政治教育専業畢業《卒業》、在職研究生学歴、法学博士学位。

（傍点は筆者。以下同）

さらに中国のＷＥＢ百科事典『百度百科』から、２０２３年４月まで中国の駐日大使だった孔鉉佑《コンシュエンヨウ》と、中国を代表するスポーツアパレルメーカー「安踏体育《アンタァティイユィ》」（アンタ・スポーツ）ＣＥＯの丁世忠《ディンシーヂョン》の項目冒頭も、それぞれ紹介してみよう。

孔鉉佑、男、朝鮮族、１９５９年７月生、黒竜江人、大学畢業、中共党員。曾任中華人民共和国駐日本国特命全権大使。

丁世忠、男、回族、１９７０年12月生、福建晋江人、無党派人士、ＥＭＢＡ学歴、安踏集団創始人丁和木之子。安踏集団董事局主席／亜瑪芬《アマフィン》董事会主席……。〔略〕

中国で個人の略歴を記すときの定型文は、名前・性別・民族・生年月・出身地・最終学歴および政治的立場、という順番だ。その人がどの「民族」に属するかは、生年月や出身地よりも前に言及され、重要度が高い情報であるらしきことがわかる。

また、これらの民族区分とは別に、中国で盛んに用いられるのが「中華民族《ヂョンホアミンズウ》」という言葉だ。これは漢族やウイグル族といった中国国内の56民族の上位にある概念とされ、習近平政権下では「中華民族の偉大なる復興」というスローガンとともに強調されている。中国の街にあふれる党のプロパガンダ看板にも、しばしばこの言葉が躍る。
中国は、社会のなかでつねに「民族」の2文字を意識せざるをえない国なのだ。

少数民族問題

いっぽう、中国に深刻な少数民族問題が存在することは、日本でも広く知られている。西北部の新疆《しんきょう》ウイグル自治区に暮らすウイグル族が過酷な人権侵害を被っていることは有名だ。数年前、日本を含む西側のメディアで盛んに報じられたため、ご存じの人も多いだろう。

ウイグル族は2010年前後、中国支配に反発してしばしば蜂起やテロをおこなった。なかでも2009年7月のウルムチ騒乱は、漢族・ウイグル族を合わせて数百人近い犠牲者が出た。近年、新疆における反乱の封じ込めが目的とみられる職業訓練センター（実質的な強制収容所）の設置が海外で報じられ、アメリカが中国の「ジェノサイド」を批判したことは記憶に新しい。

ほかにも、日本でも知名度が高いダライ・ラマ14世の亡命の原因であるチベット問題が有名だ。さいとう・たかをのマンガ『ゴルゴ13』119巻に収録された「白竜昇り立つ」は、エベレストを舞台にゴルゴと中国人民解放軍山岳部隊の死闘を描いた名作で、チベット問題が題材である。

近年はダライ・ラマ14世が高齢となり、後継者問題も取り沙汰される。近い将来、チベット族が再び国際ニュースの重要なテーマとなる可能性は高い。

ほか、近年になりイスラム教徒である回族が宗教信仰を制限されたり、モンゴル族や朝鮮族の民族教育の現場で彼らの言語の使用機会が減らされたりしていることも、中国関連のニュースをしっかりと追っている人ならご存じかもしれない。

ただ、日本においてこうした話題は、「悪い中国共産党が弱い少数民族を虐げている」という単純な構図で説明されやすい。これは逆にいえば、中国の少数民族の名前だけはしょっちゅうメディアで目にするのに、「弾圧」以外の事情は何もわからないという皮肉な現象も生みがちだ。

実のところ、中国では少数民族の全員が弾圧を受けているわけではない。中華人民共和国憲法は、「党の指導」を受け入れる限り諸民族の平等を保障しており、民族差別や抑圧を禁じているのだ。

そのため、党による支配を完全に受け入れ、漢族と同じように振る舞って中国社会で暮らす「中華民族」になれた人たちは、民族的な出自を理由にした政治弾圧の対象にはなりにくい傾向がある。

大学受験の点数が上乗せされたり、過去には厳格に執行されていた計画生育政策（いわゆる「一人っ子政策」）の産児制限がゆるめられていたりと、少数民族に対する国家制度上の優遇措置も存在する。そのため、漢族のなかには自分の民族籍をわざわざ少数民族に書き換える不届き者もいるほどだ。

中国当局がこうした政策の存在を根拠に、自国の少数民族は幸福に暮らしていると主張することも多い。ただし、再三強調すれば、これらはあくまでも、中国社会に完全に組み込まれることが前提である。

中国における「民族」は、日本人の目から見れば謎と疑問に満ちた存在だ。

中国共産党は、どういう内在的な論理にもとづいて、ウイグル族やチベット族を「弾圧」しているのか。習近平政権が盛んに言及する「中華民族の偉大なる復興」とはいったい何なのか。そもそも、中国における「民族」とはどのような存在で、彼らは今後それをどうしていきたいのか——？

私は本書において、個々の少数民族のプロフィールを詳しく掘り下げることでその答えに迫ろうと考えた。

紹介するのは、チベット族やウイグル族といった有名どころから、回族・満族・チワン族・朝鮮族など中国国内では存在感があるが日本での知名度は高くない人々、さらにナシ族のように多くの人は詳しく知らない人々まで、56の民族のなかでも特にエピソードの多い少数民族である。

ほか、厳密には「民族」ではないが、漢族の内部の方言集団である客家《はっか》人や福州人も、あえて取り上げてみた。また、漢族そのものについても、本書の総括として終章で説明している。

ちなみに本書では、中華人民共和国の民族識別工作を受けた中国国内の集団を「漢族」「ウイグル族」「満族」などと書き、海外にいるなどして中国政府の支配下になかったり、そもそも中華人民共和国の建国前に存在したりした人たちのことは「漢民族（もしくは漢人）」「ウイグル人」「満洲族」などと書いている。

これは、前者と後者が必ずしも完全に同じ集団ではないためだ。仮に同じページのなかで「漢族」と「漢民族」の表記が混在していても、ミスではないのでご了承願いたい。

中国理解の宝刀

本書の著者である私は、世間では中国ライターとして知られている。ただ、自分の本来のホームグラウンドは、中国南方の広東省《かんとんしょう》や福建省などの華南一帯、さらに準ホームと呼べる地域は台湾・香港や海外の華僑社会だ。北京や上海を拠点にしがちな一般の日本人ジャーナリストと比べると、世間でイメージされる中国とはやや外れた場所のほうが詳しい。

かつて大学と大学院で中国史を学んでいたとき、特に注目していたのが広東人や客家人、潮州《ちょうしゅう》人のような華南の方言集団だった。ここでいう方言集団とは、公的に「民族」としては扱われていないが、首都の北京の人々とは大きく異なる言語や生活習慣を持つ、漢族の内部の人たち（エスニック・グループ）のことだ。

華南にはチワン族をはじめとした少数民族も多く分布しており、彼らと漢族の関係も私の興味の範囲内だった。中国の方言集団や少数民族については、日本の「中国屋」のなかではかなり詳しいほうだろう。

その立場から述べて、日本人はもっと中国の民族問題について多角的な知識を持ったほうがいい、というのが私の考えだ。

日本は地理的位置や経済的事情から、ビジネスにせよ外交にせよ政治にせよ、中国と無縁ではいられない。手を結ぶか対峙するかはさておき、中国を理解して彼らと向き合うことはつねに必要になる。

だが、中国では、多くの日本人にとっては身近とはいえない「民族」という単語がかなりの存在感を持つ。彼らの社会の構造や政治の仕組みを知るうえで、この視点は想像以上に重要だ。加えて、ウイグル族やチベット族の人権抑圧は国際ニュースのトピックになりがちでもあり、背景はより深く理解しておきたい。

「民族」がわからなければ、中国はわからない。

本書はそれを知るための一冊である。

目次

第3章　ウイグル族
――国内外の政治に翻弄される「ジェノサイド」――

美食、モデル、国会議員
シルクロードの「西域」が「新疆」になるまで
自治と抑圧のはざまで
文革後、ひととき得た「自由」
「テロとの戦い」が招いた弾圧
経済発展、差別、大規模騒乱
ウルムチ騒乱の深い闇
収容所、デジタル監視、難民化
ネット右翼、自民党とウイグル民族主義運動
「新冷戦」のカードにされる
強者に利用され続ける悲劇

凡例

・本書のルビは以下の規準にもとづく（ただし、読者の利便性を考慮して異なる表記をおこなう場合もある）。
【地名】省・自治区・直轄市および省都クラスの大都市名は日本語読み、それ以下は中国語読み。

【人名・組織名】中華人民共和国の建国（一九四九年）以前に活躍した人物は日本語読み、人民共和国建国後でも毛沢東や習近平など国家指導者クラスの著名人は日本語読み。それ以外は標準中国語読み。

民族がわかれば中国がわかる

帝国化する大国の実像

第1章　チベット族――ダライ・ラマ14世の「Xデイ」の後は？

ニセ活仏の仏教ビジネス

中国でもっとも面白いもののひとつが、現地のB級ニュースである。

かつては湖北省武漢市に偽物の人民解放軍が駐屯していて地域住民も3年間にわたり信じていた（1989年）とか、山西省太原で学生600人を集めて5年間にわたり開学していた人民解放軍空軍学校を名乗る教育機関が実はニセ学校であることがバレて閉鎖に追い込まれた（2004年）といった、スケールの大きな話が多かった。

ただ、近年は中国経済が発展を遂げて人々の感覚もスマートになったことで、これほど極端なエピソードはめったに聞かれない。

とはいえ、それでも面白い話はある。

たとえば2021年2月、山東省済南市《ジーナンし》の裁判所が、王興夫《ワンシンフー》という初老の男に懲役25年の重刑を言い渡した一件だ。起訴容疑は違法経営罪・強姦罪および強制わいせつ罪――。と、これだけならばありふれた事件に思えるが、彼に対してはさらに、「組織利用邪教破壊法律実施罪」という日本人には耳慣れない罪状も挙げられていた。

中国側の報道によると、王興夫は漢族であるにもかかわらず、四川省甘孜《ガンヅゥ》チベット族自治州の4名刹《めいさつ》で修行したチベット仏教の活仏「洛桑丹真《ルオサンダンヂェン》」を自称。チベット族（蔵族《ツァンズゥ》）としてのニセ身分証も取得していたという。

活仏はチベット仏教を特徴づける存在だ。日本語では漢字のイメージから「生き仏《ぼとけ》」という訳語が充てられることもあるが、この表現はあまり正確ではなく、学術的には「化身ラマ」と呼ばれることが多い。すなわち、この世の一切衆生《いっさいしゅじょう》が悟り救われるまで、如来や菩薩の化身として輪廻転生を続けているとみなされた高僧のことである。

活仏といえば、日本ではチベット亡命政府の指導者であるダライ・ラマ14世のイメージが強い。だが、実はチベット仏教の世界における活仏はかなり一般的な存在であり、中小寺院のマイナーな活仏を含めると、千数百以上の名跡《みょうせき》が存在する。とはいえ、もちろん個人が好き勝手に名乗れる肩書ではない。

図１－１　**王興夫のニセ活仏事件を伝える中国国営放送 CCTV の画面**　中国のウェブ百科事典『百度百科』の記事より

　王興夫はもともと気功師だったが、中国政府が法輪功《ファアルンゴン》（党体制に敵対的な気功集団）を弾圧して気功が当局から睨まれた２０００年から、インチキ仏教ビジネスに鞍替えしたらしい。中国側の報道によれば、彼は２００８年に甘孜州石渠《シィチュイ》県にあるゲルク派のチベット仏教寺院・俄若寺を訪問、寺院側の協力者の助けを得て「洛桑丹真」「降巴洛桑丹真」というチベット名の２種類の身分証を得たという。

　王興夫はそれからニセ活仏としての活動を通じて１・98億元（約42・53億円）を荒稼ぎし、12物件の不動産を取得。彼の「宗教活動」は軌道に乗り、瀋陽・北京・済南・成都など全国８ヵ所に道場を設けて、中国全土から信者３０００人を集めた。

彼は灌頂《かんちょう》（香水《こうずい》を頭に落とし仏縁を結ぶ密教の儀式）1回につき5万元（約107万4000円）のお布施を受け取り、ネットショップで購入した100元（約2148円）程度の壺《つぼ》を数千元で信者に売るなど、好き勝手をやっていたらしい。報道によれば、若い女性信者数人にマインドコントロールを施し、性的暴行も加えていたとされる。（ただし、中国当局は「迷信」「邪教」の信奉者や民主化活動家、汚職官僚などの政治的に攻撃したい相手について、金銭スキャンダルや性的な不行跡《ふぎょうせき》をでっちあげて評判を落とすプロパガンダをしばしばおこなう。実際の被害金額や性的暴行の有無については不明である。）

チベット亡命政権を騙る

さておき、私がこの事件に興味深さを覚えた点は、ニセ活仏の名前だった。王興夫がおおやけに称していた「洛桑丹真」は、実はインドのダラムサラに拠点を置くチベット亡命政府の初代首相、ロブサン・テンジンの漢字名「洛桑丹増《ルオサンダンゼン》」とたった1文字違いなのだ。「真《ヂェン》」と「増《ゼン》」の発音も酷似しており、中国語を母語とする人でも混同しかねない。

チベット亡命政府は、中国の支配を嫌って1959年に国外脱出したダライ・ラマ14

世を中心として、インドのダラムサラに拠点を置く亡命政権だ。そのため、当局の情報統制を受けている中国国内では、彼らについての客観的な情報はほとんどない。もちろん、亡命政府の初代首相であるロブサン・テンジンの情報もほぼ得られない。

この情報統制は、自国の少数民族問題の矛盾を隠したい共産党体制のみならず、「悪い評判がネット上で広がりにくい」点において、実は詐欺師にとっても好都合だった。王興夫がチベット問題をどこまで理解して「洛桑丹真」を名乗っていたかは不明だが、結果的には中国社会で身元をごまかす上で最適な偽名を使ったといえる。

王興夫の逮捕・起訴と前後して、楊洪臣《ヤンホンチェン》という漢族の男も、やはりチベット族の活仏「扎西桑吉」を自称したことで広東省深圳《シェンヂェン》市福田《フゥティィエン》区において摘発され、懲役18年の実刑判決を受けている。こちらも広東省・遼寧《りょうねい》省・河北省・江蘇省などでニセ活仏として宗教活動をおこない、50人ほどの信者を集めていたという。

国営通信社の新華社が報じた「被害者」の証言によれば、彼に支払う「帰依費用」は5万元（約107万4000円）で、さらに年初ごとにお布施を支払う必要があった。楊は法要をおこなう際は10万〜50万元（約215万〜1070万円）を別途で要求していたほか、「縁起のいい数字」の携帯電話番号を1万8000元（約38万6000円）で販

図１－２　**甘孜チベット族自治州康定市塔公鎮の街角**　私が訪れた当時は村に食堂や宿泊施設がほとんどみられなかったが、ネットで確認すると現在は観光地化が進んでいるようだ。2006年２月、筆者撮影

売していたそうである。

「楊とは大人になってからも１９９１年に一緒に大連に行って肉体労働をしたことがある。だが、２０００年前後に再会したときの彼はチベット仏教の僧服を着ていた」とは、新華社が伝えた楊の中学校１年生時の同級生だという男性の証言だ。有徳《うとく》の高僧の正体はなんとも安っぽいものだったといえよう。

こうして摘発されたニセ活仏は、氷山の一角にすぎない。

当局の側も現状に業を煮やしており、２０１６年１月には『蔵伝仏教活仏査詢系統』（チベット仏教活仏サーチ）なるウェブサービスを開設するに至った。

サイトの運営元は、当局の管轄下にある中国仏教協会だ。ユーザーがサイトにログインして検索窓に活仏の名前を入力すると、その人物の顔写真や生年月日・所属寺院などが表示され、「本物」の活仏かどうかをチェックできる仕組みである。

これらのエピソードからは、現代中国の社会においてチベット仏教が意外と大きな存在感と求心力を持つことや、「チベット族」という民族区分が一種のブランド力を有している事実が見えてくる。

近年の中国の大都市部では、タンカ（仏教に関する人物や曼荼羅《まんだら》などを題材にした掛軸）や宝具を販売するおしゃれな店構えのチベット仏教ショップを目にすることがめずらしくない。都市部の上流層やインテリ層のあいだではチベット仏教が静かなブームになっており、漢族の青年がハマりすぎて出家してしまう例も見られる。

急激に進む社会変化や競争の激しさに疲れ、安らぎを求める現代の中国社会では、チベット仏教に象徴されるスピリチュアリズムのニーズが高まっているのだ。

反抗の歴史

チベット仏教と不可分の関係にあるのが、少数民族のチベット族だ。

2021年時点の人口統計によると、中国国内のチベット族人口は約706万人。彼らの多くは平均標高が4000メートルにも達するチベット高原で暮らしている。さらに人口的にはごく少数ながら、ロッパ族（珞巴族《ルオバーズゥ》）やメンパ族（門巴族《メンバーズゥ》）なども、中国政府の民族識別工作によって別の民族とされてはいるものの、チベット系とみられる人たちだ。

歴史的なチベット文化圏の範囲は、中華人民共和国の省級行政区であるチベット自治区よりもかなり大きい。青海省の全域と甘粛《かんしゅく》省南西部（甘南《ガンナン》チベット族自治州）・四川省西部（阿壩《アーバー》チベット族チャン族自治州と甘孜チベット族自治州）・雲南省西南部（迪慶《ディチン》チベット族自治州）なども含む広大なエリアである。中国政府側が、批判的文脈で「大チベット」と呼んでいる地域範囲だ。

これらの地域に対して、チベットの伝統的な地域区分では、チベット自治区の中部・西部と青海省の玉樹《ユィシュー》地域が「ウーツァン」、青海省の大部分と甘粛省の甘南地域や四川省の阿壩地域などの範囲が「アムド」、チベット自治区東部と四川省甘孜地域や雲南省

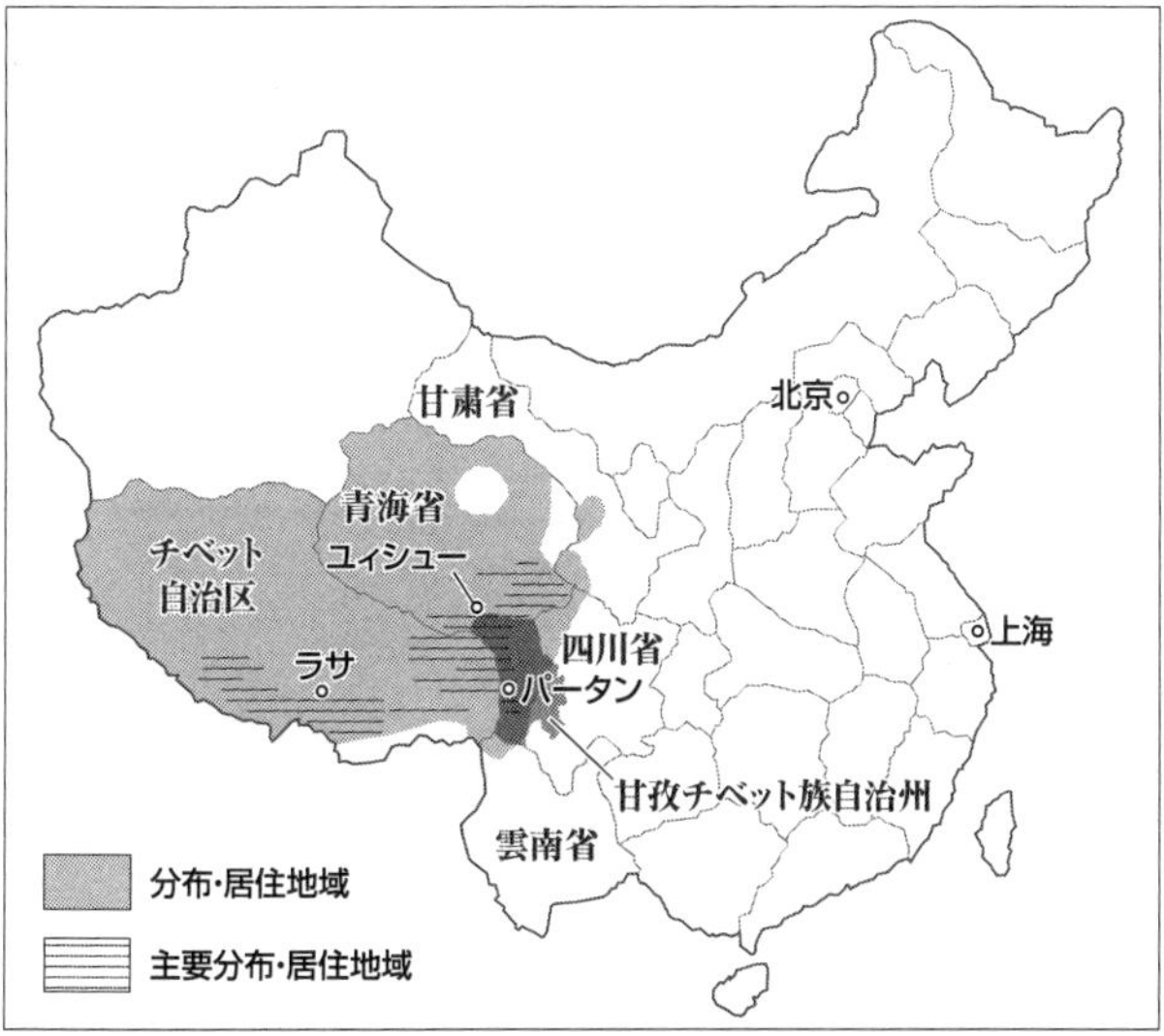

図1－3　**チベット族の分布**　歴史的なチベット文化圏の範囲は、現在のチベット自治区の領域よりもかなり大きい。ただし、この範囲内に住むチベット系の人たちが、必ずしも一枚岩というわけではない。田畑久夫ほか『中国少数民族事典』をもとに作成

迪慶地域を含む範囲が「カム」と呼ばれてきた。

さらに、国境を越えたブータンや、ネパールやインドの一部にもチベット系の人たちが暮らしている。ちなみにインドでチベット系住民の分布が多いのは、中国との国境紛争がしばしば報じられるアルナーチャル・プラデーシュ州や、パキスタンとの紛争地域であるカシミール東部のラダック地方などの山岳地帯だ。彼らはまさに国際政治のエアポケットで生きる人々である。

図1－4　**インドのマジュヌカティラ地区**　現地にはカフェや旅館も多いいっぽう、僧衣を着た亡命チベット人の姿も目立った。2014年5月、筆者撮影

ほか、在外のチベット人のうち約15万人は、中国のチベット支配を嫌って故郷を離れた難民やその子孫である。インドに存在するチベット難民コミュニティは、亡命政府の拠点があるダラムサラのほか、首都デリーにあるマジュヌカティラ地区が有名だ。

チベットは7世紀の吐《と》蕃《ばん》王朝の成立とともに歴史の表舞台にあらわれ、その後は前近代を通じて、北東の遊牧世界と東方の中華世界という強大な軍事力を持つ二大勢力のあいだでうまく立ち回り続けてきた。

1642年にダライ・ラマ政権が成立し、やがて清朝の藩部（直轄地ではない支配区域）として形式的に北京に服属したが、その後も実質的には自立した地位を保ち続けた。清朝が滅びて中華民国の時代になると、チベットは同じく中国を離脱した外モンゴルと相互承認条約を結ぶなど、独立国のような振る舞いも見せた。

だが、広く知られている通り、1951年に人民解放軍の侵攻を受け、やがて中華人民共和国の領域に組み込まれる。

当初、北京はダライ・ラマ政権に対して、現地の政治制度や宗教制度を変更しないとする17条の和平協約を提示し、「高度な自治」を約束した。だが、こちらはほどなく骨抜きとなり、1959年に社会主義体制と漢民族支配に反発したチベット住民が蜂起(ラサ騒乱)。人民解放軍による鎮圧がおこなわれるなか、ダライ・ラマ14世はインド北部に脱出してチベット亡命政府を旗揚げした。

その後、チベットはつらい歴史を味わう。だが、やがてチベット仏教は西側先進国のスピリチュアル・ブームにしたたかに食い込んでいき、欧米圏で多くの支持者を獲得する。

1997年にブラッド・ピット主演の映画『セブン・イヤーズ・イン・チベット』が世界的に大ヒットしたほか、クリスチャン・ベール主演のヒーロー映画『バットマン・ビギンズ』やローランド・エーメリッヒ監督のパニック映画『2012』など、ハリウッドにおいてチベットの精神世界や秘境的なイメージがしばしばモチーフに用いられているのは、ご存じの人も多いだろう。

図１－５　**在日チベット人によるデモ**　2021年３月、東京都内で筆者撮影

いっぽう、チベット本土では１９５９年の騒乱が鎮圧された後も、天安門事件前夜の１９８９年春や、北京夏季オリンピックの開催を控えた２００８年春などに、それぞれ中国支配に反発する大規模な蜂起が起きた。鎮圧によって多くの犠牲者が出たことは言うまでもない。

なかでも２００８年の騒乱は、オリンピック前ということもあって世界的に注目を集めた。日本を含む各国では、チベット問題の解決を主張するデモ隊が五輪聖火リレーの会場でチベット亡命政府の国旗（雪山獅子旗）を掲げたり、リレーを妨害したりする事件が続々と発生。これに対して中国の国内外では、愛国的な若者（四月青年《スーユエチンニエン》）によるなかば自発的な聖火防衛運動が盛り上がり、西側メディアの「恣意的な」チベット報道を批判するアンチCNNキャンペーンも広がった。

（2023年夏、日本の福島原発の処理水排出に反発した中国の一般人が福島県内に大量の嫌がらせ電話を掛ける事件が起きたが、こうした中国の一般市民によるヒステリックな愛国アクションの芽は、習近平政権成立前の四月青年運動にルーツのひとつがあると考えていい。）

いっぽう、チベット本土ではこの事件を契機に監視が強化され、その後は大規模な蜂起はほぼ見られなくなった。だが、かわりに中国支配に非暴力的な抗議の意志を示したとみられる僧侶や一般人の焼身自殺が頻発し、2008年～18年の10年間にすくなくとも約150件が確認されている。

この時期はちょうど、新疆ウイグル自治区の少数民族弾圧に抗議するウイグル族がテロや蜂起を頻発させていた時期だ。ウイグル族の絶望的な暴発に対して、チベット族は焼身自殺を選ぶという、ともに悲しい手法で抗議がなされていたことになる。

釈迦の前世物語であるジャータカには、自分の肉をバラモン僧に食べさせるためにみずから炎に飛び込んで身を捧げたウサギの説話（捨身月兎《しゃしんげっと》）が伝わる。他者の救いのために自分の身を焼く行為を尊いものと考える仏教文化も、焼身抗議の背景にあるようだ。

近年のチベット地域では、騒乱や焼身自殺のニュースがほとんど聞かれなくなったが、これは長期にわたる習近平政権下で国民監視が進んだことと、コロナ禍によるチベット自治区の封鎖やメディア統制の強化によって、情報が外国人まで伝わりにくくなったことが大きな理由だろう。

近年、中国政府はチベット族の児童を半強制的に寄宿学校に入学させ、中国語を用いた愛国主義教育をほどこす政策を実行しているとされ、次の世代に対する文化破壊も進んでいる。

中国共産党の転生ハンドリング

20世紀前半までの複雑な歴史的経緯と、中華人民共和国時代以降の弾圧の歴史は、中国によるチベット支配がきわめて強引な論理のもとで成立していることをうかがわせる。しかし、ダライ・ラマ14世がチベットを離れて60年以上が経ったいま、中国のチベット支配がほぼ完全に既成事実化したのも確かである。

チベット自治区の２０１６年〜21年の年平均ＧＤＰ成長率は９％を記録し、これは中国に31ある省級行政区のなかでトップクラスの数字だった。２０２２年こそゼロコロナ政策の影響で前年比１・１％増にとどまったが、23年の統計では再び９・５％増となり全国１位を記録している。経済成長を押し上げているのは、レアメタルなどの豊富な地下資源だ。

２０２０年の自治区人口は約３６４・８万人で、10年前から21・52％増と、中国の全人口の伸び率の４倍近い数字が出ている。人口のうちでチベット族は約３１３・８万人を占めており、10年間で13・４％増。いっぽうで漢族は約44・３万人と人口比としてはすくないが、10年前と比較して約44・７％増と激増した。

経済発展と人口増加の影響から、チベットの都市化も進んでいる。区都ラサの南部にある柳梧《リュウウウ》新区には高層マンションやビルが立ち並び、近代的なスタジアムも建設された。

過去にはながらく、ラサへの道は空路を採るか、外界《げかい》（青海省ゴルムド市）から何十時間も車に揺られるしかなかったが、２００６年に青蔵《チンヅァン》鉄路が全通したことで、北京ほか中国の各都市とのアクセスも飛躍的に容易になった。

もちろん、当局による管理は強化され、それは宗教の面にも及んでいる。ただ、『セブン・イヤーズ・イン・チベット』などの欧米のコンテンツに登場する単純な文化破壊の描写とは異なり、中国政府がチベット向けに実施している宗教管理政策はもうすこし巧妙だ。

たとえば2021年11月、中国共産党チベット自治区委員会書記の王君正《ワンジュンヂェン》は演説のなかで、党が現地のチベット仏教に対しておこなった以下の施策の「成功」を強調している。

・未成年の出家者をゼロにした。
・施設の違法建設、宗教的表示物の乱造問題を法に基づき処理した。
・寺院の財務や納税の監督管理を順調に進展させた。
・活仏の転生や法規研修をすべて管轄下に置いた。

中国共産党は党員が宗教信仰を持つことを党規約で禁じている。ただし、非党員の一般国民が、党の監督下（正確には中国仏教協会や中国天主教愛国会など半公的な宗教管理組織の管轄下）にある仏教・道教・イスラム教・カトリック・プロテスタントなどの宗教を信仰することは容認している。

近年の中国政府の各宗教に対する姿勢は、伝統的に漢民族の文化に組み込まれていて親体制的な傾向も強い仏教（中国仏教）や道教に対してはかなり寛容だ。いっぽう、中国共産党の権威に優越しかねない唯一の神を信仰し、信者が海外の聖職者や教団コミュニティと接触する可能性があるイスラム教やカトリック・プロテスタントについては、たとえ体制内の教団や宗教施設であっても厳しい姿勢が取られることがある。

チベット仏教の場合、中国仏教と同じ「仏教」とはいえ、宗教的権威であるダライ・ラマ14世が海外に在住していることから、政治的にはセンシティブな扱いだ。ただ、中国共産党はすでにパンチェン・ラマ11世（ギェンツェン・ノルブ。後述）などチベット仏教の高名な宗教指導者を体制内に抱え込み、国内の教団については管理に成功している。ゆえに、チベット仏教についても存在自体は否定せず、僧侶や信者を「外国勢力」や「国家分裂主義者のダライ集団」と切り離して、党の支配への従属を求めていく方針だ。

王君正の演説をはじめ、近年の中国政府による主張でひときわ興味深いのは、当局が「転生」を完全に管轄下に置いたとする認識だろう。中国政府は2007年に「蔵伝仏教活仏転生管理辦法」（チベット仏教活仏転生管理法令）なる法令を出し、なんと活仏の転生について法的なルールを定めた。

中国共産党はチベット自治区において、この法令が完全に遵守されたと主張しているのだ。

２０１７年12月に『人民日報』が報じたところでは、中国ではすでに60人以上の活仏が、政府の公認のもとで転生したという（逆に言えば、政府に公認されない限り、どれだけ民衆の信仰を集めている高僧でも「ニセ活仏」ということである）。先に挙げた『活仏サーチ』も、この法令のもとで作られている。

マルクス主義にもとづく科学的無神論を標榜する中国共産党が、チベットの活仏を積極的に公認する様子はユーモラスだ。ただ、実はこの背景には、中国共産党が１９９０年代に犯した二つのトラブルへの反省と、近い将来に起きるはずの「ある事態」への布石という、キナ臭い側面が存在する。

「流転の活仏」カルマパ17世

最初のトラブルが、１９８５年生まれのカルマパ17世（ウゲン・ティンレー・ドルジェ）という青年活仏の問題である。彼はもともとチベット自治区チャムド県の遊牧民の息子で、７歳だった１９９２年に中国政府とチベット亡命政府の双方から活仏認定を受

図1－6　インドでの世界仏教徒会議に出席したダライ・ラマ14世（右）とカルマパ17世（後列中央）　2011年（AP／アフロ）

けたという、高位の活仏としてはめずらしい人物だ。

彼が属するカルマ・カギュ派は活仏制度の草分けになった宗派で、なかでも「カルマパ」の活仏名跡は最古の伝統を持つ。ゲルク派のダライ・ラマやパンチェン・ラマとは宗派が異なるため単純な比較はできないが、チベット社会では彼らに迫る権威を認められてきた存在である。

ドルジェ少年が活仏カルマパ17世として認定された当時、ダライ・ラマ14世はすでにインドに脱出して久しく、同様に高い権威を持つパンチェン・ラマ10世は1989年に遷化《せんげ》してまだ転生者が見つからない状態だった。ゆえに中国政府が、国内に残る最後の「大物」の活仏だったカルマパ17世を抱え込んだ意義は大きかった。彼が選ばれた1992年の夏には、はやくも当局内で今後の活仏の転生を権力の管理下に置くことが決定されている。

こうした政治背景のもと、幼いカルマパ17世はラサ近郊のツルプ寺で、中国の体制に忠実なチベット仏教指導者となるべく、政治教育を受けつつ養成された。1994年には当時の指導者である江沢民と面会したほか、両親と中国各地をめぐる旅行に招待される厚遇を受けている。このとき上海で買ってもらったラジコンカーは、本人の大のお気に入りだったという。

だが、1999年12月末に仰天の事態が発生する。14歳になり自我に目覚めたカルマパ17世が、中国国内では仏教を十分に学べないことに不満を抱き、漢族の見張り係の目を盗んで寺を脱出したのだ。前年に彼に対する暗殺未遂事件が起きており、これも亡命を決意した一因になったらしい。

カルマパ17世は私服に着替え、実姉や侍僧とともに、徒歩と馬、さらに自動車や公共交通機関、ヘリコプターまで乗り継いで1400キロ以上を移動した。足に凍傷を負いながら真冬のヒマラヤを踏破し、彼らの一行がダライ・ラマ14世がいるインドのダラムサラにたどり着いたのは２０００年の年明けのことである。

当時、このニュースは日本を含む全世界で大々的に報道され、カルマパ17世に逃げられた中国政府は大いに面目を潰すことになった。

いっぽう、彼の大冒険は中国国内外のチベット社会の尊敬を集めた。

実のところ、カルマパの転生者とされる人物は彼だけではなく、カルマ・カギュ派内の少数派（シャマル派）がティンレー・タイエ・ドルジェという少年を17世に認定していた。ゆえに「二人のカルマパ」が並立する状態にあったのだが、中国を脱出したカルマパ17世は、勇敢な行動を通じて自らこそが「本物」だと証明した形だ。亡命当時の彼は精悍《せいかん》な顔立ちをしており、チベット人のあいだでは宗派を問わずヒーロー的な崇拝の対象にすらなった。

カルマパ17世は亡命後、自由の地で仏教の勉強を深めつつ、テレビゲームに興じてiPodでヒップホップを聞くという、いまどきの若者らしい日々も送った。新世代のリーダーとして、将来的にチベット亡命政府の「顔」になることを期待する声も大きかった。

暗転

ただ、その後の彼の人生は平坦ではない。

かつて中国政府に養育され、また彼自身も中国語が流暢で多くの中国人信者を獲得するようになったことで、2009年ごろを境に、反中感情が強いインドのメディアからしばしばスパイ疑惑を書き立てられたのだ。

2011年1月には彼が滞在するダラムサラ近郊のギュト僧院がインド警察から家宅捜索を受け、約1100万中国元（約2360万円）や60万米ドル（約9180万円）など20ヵ国以上の貨幣からなる多額の現金が押収された。現地紙では、中国政府からの資金援助の可能性さえ指摘された。

カルマパ17世側はこれらの現金はお布施だったと主張しており（事実、チベット仏教ブームに沸く中国人富裕層からの寄進があったと考えれば不自然な金額ではない）、チベット亡命政府も彼の潔白を主張したので、疑惑はひとまず沙汰止みになった。ただ、彼の信用は大きく傷ついた。

やがてカルマパ17世はインド政府との軋轢《あつれき》に加え、難民の身分では海外渡航が不自由なこともあって、2017年から海外に移住。中国人や台湾人の信者の支援を得つつ欧州やアメリカで暮らし、やがてドミニカ国の国籍を取得したと報じられている。現在、彼はYouTubeやフェイスブックを通じて、英語や中国語でおこなう法話や法要を公開しており、特に在外中国人社会では一定の支持を集めているようだ。

もっとも2019年には、彼がニューヨークの僧院で中国系カナダ人とみられるヴィッキー・フイ・シン・ハンという女性を妊娠させたスキャンダルも持ち上がった。ハン側によれば、妊娠判明後にカルマパ17世側は彼女に約77万ドル（約1億1700万円）の出産・産後費用を渡したが、同年初頭に彼と連絡が取れなくなり、半年待ったうえで提訴に踏み切ったという。このスキャンダルの続報は2022年以降は伝えられていないため、おそらくカルマパ17世側が追加の養育費をひそかに支払うなどして和解したのだろう。

カルマパ17世はインドの山岳地帯シッキム州の寺と縁が深く、今後ふたたびインドに戻る可能性はある。ただ、「お騒がせ活仏」になった現在の彼は、ダライ・ラマ14世の実質的な後継者として亡命チベット人社会を背負うリーダーになるには、必ずしも適任とはみなされていない。

ちなみに余談ながら、少数派のシャマル派が認定したもうひとりのカルマパ17世であるティンレー・タイェ・ドルジェは、有名なほうのカルマパ17世の中国脱出事件の後もしばらく宗教活動を継続していたが、2017年3月にインドのニューデリーで結婚を発表。「カルマパ17世」としてのアイデンティティは放棄しないものの、僧であることをやめて俗人として暮らしているという。

パンチェン・ラマの悲劇

著名な活仏については、もうひとつ深刻なトラブルが存在する。それはパンチェン・ラマの継承問題だ。

チベット人の伝統社会において、ラサのポタラ宮に住むダライ・ラマが観音菩薩の化身であるとみなされてきたのに対して、シガツェのタシルンポ寺に住むパンチェン・ラマは阿弥陀如来の化身とされ、対になる存在である。だが、清末から中華民国期に活躍した先代たちは、ダライ・ラマ13世がチベット独立志向の親英派、パンチェン・ラマ9世が中国との寺壇関係を重視する親中派と、政治的に対立関係にあった。

両者のすれ違いは転生後も持ち越され、ダライ・ラマ14世がインドに亡命したのに対して、彼よりも3歳年下のパンチェン・ラマ10世は中国国内に踏みとどまった。ただ、パンチェン・ラマ10世は中国共産党の統治に必ずしも迎合せず、ゆえに文化大革命で猛烈に迫害され、ながらく投獄や軟禁を強いられた。1989年1月、法要で中国政府を非難する演説をおこなった数日後に心臓麻痺で死亡している。

やがて1995年5月、彼の転生霊童選びが進み、チベット亡命政府は中国のチベット自治区にいる6歳のゲンドゥン・チューキ・ニマ少年をパンチェン・ラマ11世であると認定した。3年前のカルマパ17世の活仏認定の際、中国政府側に先んじて発表されたため、亡命政府はパンチェン・ラマについて自分たちが先に決める形を作りたかったとされる。

だが、結果的にこの焦りが悲劇を生んだ。転生発表の数日後、ニマ少年と両親が行方不明になったのだ。

中国政府はこの失踪劇から1年後にようやく関与を認めたものの「分裂主義者によって連れ去られるおそれがあり、身の安全が脅かされている」「彼を保護した」と開き直った。ニマ少年の消息はその後も不明であり、中国側は近年になっても「大学を卒業した」「普通の暮らしをしている」などと発表しているが、具体的な根拠はまったく示していない。

いっぽう、「本物」が消えた5ヵ月後、中国政府はギェンツェン・ノルブという別の少年を転生者に選出する。結果、チベット亡命政府が認定した行方不明のニマ少年と、中国共産党が選んだノルブ少年という2人のパンチェン・ラマ11世が同時に存在することになった。

やがてノルブは中国化教育を受け、中国共産党のイデオロギーを叩き込まれた。2010年に成人した後は中国仏教協会副会長や全国政治協商委員など政府の複数の要職に就任し、ダライ・ラマ14世を批判する主張もおこなっている。

彼の説法の動画を見ると、中国国営放送のアナウンサーさながらの標準的かつ完璧な中国語を話しているのが確認できる。彼の先輩にあたるカルマパ17世の中国語はチベットなまりがかなり強いが、ノルブについてはいっそう徹底的に中国化した環境で育てられたことが見て取れる（逆にチベット語はヘタだという話さえある）。

もっとも、チベット社会でノルブの人気は低く、ひそかに「ギャ・パンチェン」（中国のパンチェン）というあだ名が伝えられている。「ギャ」というチベット語は、標準中国語でニセモノを意味する「假《ジャア》」（jiǎ）とも音が通じる。中国国内のチベット族でも、ノルブを本物のパンチェン・ラマ11世だとは考えない人たちが相当数いる模様だ。

「ニセ活仏」を盛んに取り締まる中国政府が、国内のチベット仏教最高位の名跡に「ニセ活仏」とみなされる人物を据えている様子は皮肉でしかない。物心ついたときから傀儡としての人生を押し付けられたノルブの運命と合わせて、中国のチベット支配が生んだ悲劇だろう。

「月と太陽」をつかむ中国共産党

ダライ・ラマ14世は今年で90歳だ。健康状態は良好というが、近年の映像では側近に支えられて歩行しており、衰えは隠せない。

ゆえに次の世代を意識した言動も増え、転生の廃止を匂わせたり、「(転生先は)女性もあり得る」と発言したりと姿勢が揺れ動いている。目下のところでは、２０２５年のうちにチベットの他の宗教指導者との協議のうえ、在世中に次の転生者を決める方針のようだ。カルマパやパンチェン・ラマの悲劇を、次代の「ダライ・ラマ15世」には繰り返させたくないという思いが見える。

いっぽう中国政府は、ダライ・ラマ14世が２０１４年に転生制度の廃止に言及した際に「チベット仏教の正常な秩序を大きく損なう」と反発するなど、無神論を掲げる共産党員にはそぐわない反応を見せている。チベット亡命政府側の主張によれば、中国共産党はダライ・ラマ14世の死後を「ポスト・ダライ時代」と位置づけ、西側各国の政府やメディアをターゲットに宣伝戦略を展開しているという。

中国共産党が活仏の公的管理に躍起になり、ついに『活仏サーチ』まで作った理由も、究極の目的は次のダライ・ラマを中国の手元で誕生させることにある。チベット社会で「太陽と月」にたとえられるダライ・ラマとパンチェン・ラマの権威を両方とも掌握することで、党はチベット族をいよいよ完全に「中国人」に変えられると考えているのかもしれない。

もっとも、事態がそう簡単に進むかには疑問もある。中華人民共和国が成立するはるか以前から、高位の活仏の名跡はそもそも強い政治性を帯びており、内外の権力者たちの争奪の対象となる存在であり続けてきたからだ。

たとえば、16世紀末のダライ・ラマ4世は、なんとチベット人ではなく外国人（モンゴル人）の権力者の子が転生霊童に選ばれている。さらにダライ・ラマ10世・11世・12世は、3世代連続で20代前半のうちに側近に暗殺されたとみられており、ドロドロとした政治闘争と血塗られた宮廷劇は昔からだ。チベット仏教の世界で、お家騒動はある意味で「慣れた」問題である。

また、チベットでは高僧の魂が複数に分かれるとする考えもあるという。ゆえに、仮に各地で２人以上の「ダライ・ラマ15世」が誕生したとしても、それぞれが真面目に仏事に励んでいれば、いずれの人物も人々から違和感なく受け入れられてしまう可能性すらある。

中国政府の謀略と、チベットの伝統的なしたたかさのいずれが勝つのか。高齢のダライ・ラマ14世のもと、中国国内外のチベット族の未来は、まだまだ見通せない。

第2章　回族——「最初の少数民族」への同化政策

蘭州ラーメンブーム

２０１０年代後半以降、日本の都市部で市民権を得たのが「ガチ中華」という外食のジャンルだ。

すなわち、醬油ラーメンや天津飯《てんしんはん》などの日本風にアレンジされた中華料理ではなく、中国大陸出身者が作る、中国国内そのままの味の料理のことである。在日中国人社会が拡大し、同じ中国人の舌にも受け入れられる料理のニーズが高まったことで、いまや首都圏の池袋や西川口（埼玉県）・新大久保・高田馬場・小岩などにはこうした店舗が数多くみられるようになった。

もっとも、「ガチ中華」という枠組みは非常におおまかであり、実際には四川・東北

図2－1　**蘭州ラーメン**　2018年10月14日、当時埼玉県の西川口にあった名店「ザムザムの泉」にて筆者撮影

（旧満洲）・湖南・山東・貴州など、在日中国人の出身地や食の好みに応じて、さまざまなジャンルが存在する。

それらのなかで、ひときわ個性的なのが「清《チン》真《チェン》料理《リャオリィ》」だ。これは、中国国内のムスリム（イスラム教徒）が食べるハラルフード、すなわちイスラム法のもとで食べることを許された中華料理である。

たとえば、イスラム教の戒律において禁忌である豚肉やアルコール類（味醂《みりん》なども含む）は、料理に決して用いない。生き物の血を用いた料理も作ってはならない。羊肉や牛肉・鶏肉は、宗教的に正しい方法で食肉加工をおこなったものしか使ってはならず、調理にあたっては必ず流水を用いなくてはならない——。

このように書くと、糖質制限メニューのような「代替食」をイメージする人がいるかもしれない。だが、それは大きな誤解である。清真料理は中華料理のれっきとした構成要素のひとつであり、それ自体が食文化として完成したものだからだ（余談ながら仏教徒が食べる素食《スーシィ》という精進中華料理も、同じく高度な食文化として完成している）。

清真料理はクミンや香菜《シャンツァイ》（パクチー）などのハーブを多用し、材料には牛肉や小麦粉製品のほか、ラム肉（羊肉）を用いる割合が高い。本来は匂いが強いラム肉とハーブの組み合わせは、独特の風味があって非常に美味だ。

ゆえに清真料理にはファンも多く、ラム肉の串焼きである羊肉串《ヤンロウチュアン》や、数年前に日本でもプチブームになった蘭州ラーメンは、中国本土では一般の漢族からも好まれるメジャーな食べ物である。

他の中華料理と比べると、豚肉を使わないぶんだけカロリーが低いイメージがあるためか、近年は都市住民のあいだでダイエット食としても人気がある。

ウイグル族と間違えられるが

この清真料理の最大の担い手が、中国の民族区分のもとで「回族《フイズゥ》」とされる少数民族だ。

なお、中国の少数民族のうちで主にイスラム教を信仰しているのは回族のほか、ウイグル族・カザフ族・ドンシャン族（東郷族《ドンシャンズゥ》）・クルグズ族・サラール族・タジク族・ウズベク族・バオアン族（保安族《バオアンズゥ》）・タタール族の合計10民族、合計2600万人ほどがいる。だが、4番目のクルグズ族以下は人口数万〜数十万人程度の小規模なグループである（ほかに漢族などから改宗したムスリムもいる）。いずれの民族も、西北部のシルクロード付近に住んでいる人たちが多い。

回族は中国のムスリム10民族のうちではウイグル族に次いで2番目に人口が多く、2021年時点で約1138万人となっている。少数民族全体として見ても、チワン族とウイグル族に次いで3番目に多い。前出の清真料理店が中国各地で見られることと、男性がかぶる白いイスラム帽（回回帽《フイフイマオ》）が目立つことから、中国社会ではかなり存在感がある人たちだ。

回族の姿は、民族名を冠した寧《ねい》夏《か》回族自治区をはじめ、陝西《せんせい》省・甘粛省や新疆ウイグル自治区など西北部で特に目立つ。ただ、西南部の雲南省や南部の海南省にも回族の自治県や自治郷が点在しており、さらには北京市・上海市・広州市などの大都市部にも回族が多い地域がある。

広大な中国のあちこちに、彼らが集中的に暮らすコミュニティが点在する傾向は「大《ダー》

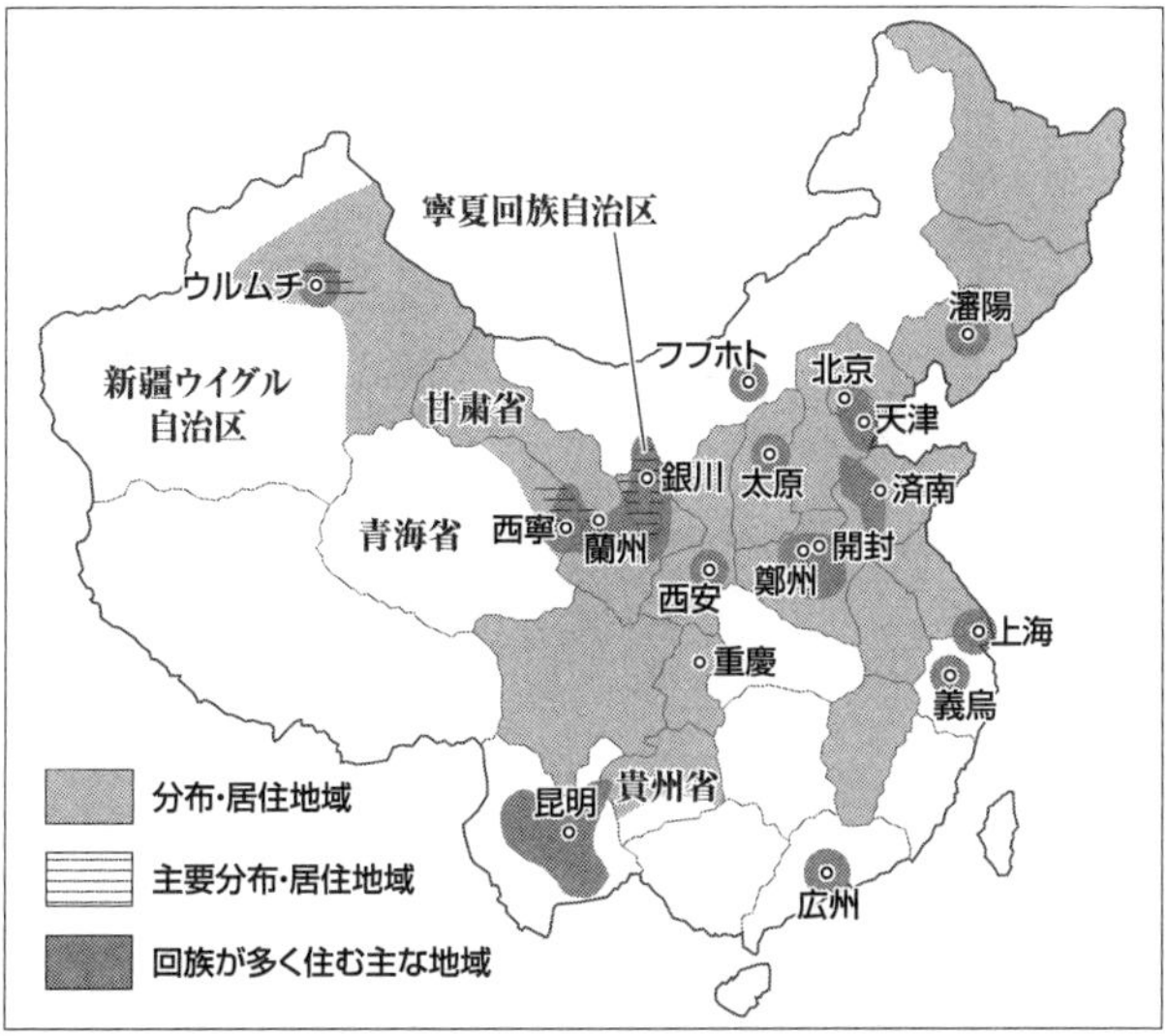

図２－２　**回族の分布**　『中国少数民族事典』をもとに作成

分散《フェンサン》、小聚居《シャオジュイジュイ》」と呼ばれ、この点はウイグル族など他のムスリム系少数民族との大きな違いだ。

また、ウイグル族と比べて回族は近年までそれほど強い弾圧を受けておらず、ヒゲを生やしたりイスラム的な服装をしたり、他の地域に移動したりすることも自由な場合が多い。

大都市にいる回族は、少数民族に興味がない一般の中国人や在中日本人から、よくウイグル族と間違えられる。だが、蘭州ラーメン店などでイスラム帽をかぶり、特徴的な白衣（準白《チュンバイ》）やベスト（坎肩《カンジエン》）を身にまとっている人の多くは、実際は回族である。

昨今では、中国の体制に親和的な情報を発信するSNSアカウントが、回族の姿や料理を投稿して「ウイグル族は漢族と仲良くしている」「ウイグル族弾圧はデマだ」といった情報発信をおこなう例もある。

これらはもちろん、よくて当事者の無知による勘違い、場合によってはディスインフォメーション（誤情報の意図的な流布）の可能性がある。有害で誤った言説だ。

存在感ある「定義困難な民族」

いっぽう、回族の定義はちょっと奇妙である。

中国の少数民族は、その大部分が固有の言語を持つが、大多数の回族の言語は漢語、つまり漢族とほとんど同じ「普通の中国語」だ（ただし、地方によってはチベット語やモンゴル系言語などを母語にする集団や、広東語などの方言を話す集団もいる）。

外見的にも、男性の回回帽や女性のヴェールなど特有の服装を身に着けていなければ、漢族とほとんど区別がつかない人が多い（西北地域には碧眼《へきがん》で鼻の高い顔立ちの人もいる）。

回族が多い地域にある清真寺《チンヂェンスー》（イスラム教の信仰施設であるモスク）も、中国の伝統建築である四合院《スーホォユエン》様式で建てられた瓦葺きの中華建築が多く、私たちが一般的にイメージするモスクの姿とはかなり異なっている。

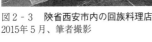

つまり、中国共産党は「漢語を話すイスラム教徒」を宗教集団ではなく民族に位置づけるという、特殊な民族政策を採用しているのだ。回族はこれに加えて、豚肉を食べないなどのイスラム教の生活様式を守っていたり、「祖先がペルシアやアラブから来た」という伝承を持っていたりすることで漢族と区別されている。

図2－3　陝省西安市内の回族料理店
2015年5月、筆者撮影

だが、近年は都市住民や中国共産党員を中心に、イスラム教の信仰を持たなかったり、戒律をまったく守らなかったりする回族も増えている。

たとえば、胡錦濤政権（2003～13年）時代の国務院副総理で、中国共産党第16期・第17期の中央政治局委員でもあった回良玉《フイリャンユィ》という吉林省出身の高官は、民族区分としては回族だった。その出自ゆえか、現役時代の彼はイスラム系の宗教工作などにしばしば顔を出していたが、本人は宗教信仰を持っていなかったと思われる。共産党員は宗教を信じることを禁じられているからだ。

また、中国南部の古い港町である福建省泉州市は、マルコポーロの『東方見聞録』にも登場するなど前近代に交易が盛んだった土地で、現在でもこの周辺地域には祖先のルーツを理由に「回族」とされる丁《ディン》姓と陳《チェン》姓の氏族がいる。

だが、現代の彼らは豚肉を日常的に食べており、やはり信仰を持たない回族であるようだ。この福建回族の出身者には、中国を代表するスポーツアパレルブランドのアンタ・スポーツ（安踏体育）の創業者で現在もCEOである丁世忠がいる。

広大な中国には、さらに不思議な背景を持つ「回族」も存在する。

たとえば、河南省開封《かいほう》市周辺に分布する、ユダヤ人を祖先に持つという伝承を持つグループ（開封のユダヤ人）だ。彼らは中国共産党が「ユダヤ族」という少数民族を認めていないため、漢族や回族として当局に届け出ている。

また、海南島で暮らす回輝人《フイフイレン》（オチャッ）と呼ばれる集団は、当局の民族識別工作のうえでは回族とされているものの、オーストロネシア系の回輝話《フィフィホァ》という漢語とは系統が異なる言語を話し、外見も東南アジアや南洋諸島の人たちに近い。

彼らはかつてベトナム南部にあったチャンパー（占城）王国から海づたいに海南島に逃げてきた人たちの子孫とみられ、現在のベトナムの少数民族であるチャム族と比較的近い。中国の体制下で、単にイスラム教を信仰している集団だったことを理由に、ルーツを無視して回族にされてしまったようだ。

これらの事例からもわかるように、回族の枠組みはかなりあやふやだ。現代の中国において回族を他の民族と区別する基準は、身分証の民族欄に「回族」と書かれているかどうかしかないという皮肉な見方さえ囁かれている。

もうすこし柔軟に考えるならば、「漢族の伝統的な形態とは異なる中東由来の習慣やルーツを持つ祖先がいた人たち」程度の非常にゆるい基準で、回族の枠組みは定まっている。

漢・回の共存と反目の歴史

宗教集団である回族が「民族」とされた理由は、中国共産党との複雑な関係ゆえだ。

歴史的な経緯をすこし細かく書いておこう。

7世紀初頭にメッカで天啓を受けたムハンマドが創始したイスラム教は、遅くとも唐の永徽《えいき》2年（651年）までに中国に伝わったとみられている。唐宋時代、中東のイスラム帝国は中国側から「大食《たーじ》」と呼ばれ、貿易にたずさわる大食商人たちが泉州や広州などの南方の貿易都市や長安・開封などの主要都市に居住するようになった。宋代にはすでに五世蕃客《ごせいばんかく》（土生蕃客《どせいばんかく》）と呼ばれる、数世代以上にわたり中国に居住する外国人も存在したという。彼らの多くはムスリムだったとみられている。

やがて13世紀、中国を征服したモンゴル人の大元ウルス（元《げん》）が、中央アジアや中東の出身者（色目人《しきもくじん》）を行政官として盛んに起用したことや、同じくモンゴルの支配下にあった中東方面との貿易がいっそう容易になったことで、中国各地でムスリムのコミュニティは拡大する。

その後、元を倒した漢民族王朝の明《みん》は、対外交易を朝貢のみに限定する管理貿易政策（海禁）を採用し、行政の現場でも色目人を優遇することはなくなった。結果、貿易や行政の仕事を失った色目人の子孫の一部は中国に土着し、漢民族と通婚する。その子孫たちは多くが漢語を話して中国名を名乗るようになり、やがて漢民族側から「回民《かいみん》」と呼ばれるようになった。

回民はその後もイスラム的な信仰や生活習慣を維持し、他の中国人からは一定の距離を置かれつつも、ひとまず中国社会の一員として存在してきた。しかし、清朝の体制が弱まった19世紀なかば以降、彼らの立場は徐々に政治的に敏感なものに変わっていく。漢民族との利害対立や、さらにはイスラム教の宗教改革運動などをきっかけに、雲南省や西北地域で回民の蜂起が頻発したのだ。

その嚆矢《こうし》となったのが、雲南省で起きたパンゼーの乱（１８５６〜73年）だった。これは鉱山で発生した回漢械闘《フイハンシェドウ》（回民と漢民族の争闘）の鎮圧の過程で、清朝当局が回民を虐殺したことに反発した回民側が起こした数十万人規模の反乱である。

やがて乱の指導者である杜文秀《とぶんしゅう》は「スルタン・スレイマン」を自称し、大理を拠点に政権を樹立。同時期に中国東部で割拠していた太平天国との提携を唱えたり、イギリスに国家承認を求めたり（失敗に終わった）して、清朝の統治を大きく揺るがした。

また、パンゼーの乱からやや遅れて、１８６２年には西北部で陝甘回乱《せんかんかいらん》（西北ムスリム反乱）が起きる。これは陝西省で漢民族と回民の団練《だんれん》（民兵組織）が衝突し、さらに清朝が鎮圧の際に回民を虐殺したことで、これを逃れた回民が隣の甘粛省に流入して現地の同胞とともに蜂起した事件だ。

陝甘回乱は、太平天国に呼応するなどして10年以上も続き、1873年に清朝の重臣の左《さ》宗棠《そうとう》がなんとか鎮圧したものの、反乱はさらに奥地の新疆に飛び火した。

打ち続いた騒動の後、清朝側についていた武装勢力が軍閥化し、清末から中華民国、中華人民共和国の成立直前まで甘粛・寧夏・青海各省を牛耳った。

いわゆる馬家軍《マァジャージュン》や西北三馬《シーベイサンマァ》と呼ばれた、親国民党的な回民軍閥である（余談ながらこの軍閥は、スウェーデンのパラドックスインタラクティブ社が発売している第二次世界大戦がテーマの歴史シミュレーションゲーム『ハーツ・オブ・アイアン』シリーズで、弱小勢力の「シーペイサンマ」として登場する）。

ちなみに現在、カザフスタンやキルギスなどの中国国境地域には、「ドゥンガン人」（東干人《ドンガンレン》）という、東アジア系の顔立ちで中国語に近い言語を話すイスラム教徒の集団がいる。彼らは清末の陝甘回乱の混乱を逃れて国境の向こうに逃げた西北回民の末裔だとされている。

また、ミャンマーの東北部にも「パンゼー」という中国語を話すイスラム教徒がいるが、彼らはその名前からもわかるように、パンゼーの乱に敗れてミャンマーに逃げた雲南回民の子孫のようだ。

さておき、清朝は雲南や西北・新疆の反乱をかろうじて鎮圧したものの、内憂外患が積み重なって１９１１年の辛亥革命で滅びた。やがて、革命派の領袖だった孫文は中華民国の理想として、漢・満・蒙・回・蔵の五族共和――。すなわち漢民族と満洲人・モンゴル人・回民・チベット人の対等な共存を掲げたが、実際は漢民族を優先する傾向が強かった。

孫文の後継者になった蔣介石も「中華民族」の民族意識を強調し、漢民族中心主義に近い姿勢をとった。回民については、民族ではなく「漢民族のイスラム教徒」であるという解釈がなされた。

当時の漢民族のあいだでは、清末から続く回民に対する差別意識も存在した。１９３０年代になっても、都市部の雑誌メディアなどで回民やイスラム教が侮辱的に描かれ、回民側の反発を招く「侮教事件」がいくつか起きている。

中国共産党の「最初の少数民族」

こうした従来の経緯から、軍閥の上層部を除いた一般層の回民は、中国の中央政府や漢民族に対して心理的に距離を置く人が多かった。このことがやがて、既存の体制に反抗する中国共産党との関係を作っていくことになる。

実は回民と中国共産党は、結党以前から多少の縁があった。

1919年に起きた学生運動・五四運動から約5ヵ月後、周恩来や鄧穎超《ドンインチャオ》（のちの周恩来夫人）らが天津で覚悟社《ジュエウウシェー》という学生グループを結成した際、そのメンバーだった3人の活動家が、回民やそれに近い文化背景の家庭の出身者だったのだ。

彼ら彼女らは、いずれも後に中国共産党の初期の党員になっている。なかでも馬駿《マアジュン》という吉林省出身の回民党員は党からモスクワ中山大学に派遣留学を認められるなど、有望な幹部候補生だった。

この3人は、近代的な五四運動のシンパだけにイスラム教の信仰は薄かったと思われ、また3人のうち馬駿を含む2人が摘発で処刑、もう1人も1920年代後半に離党しているため（1961年に復党）、いずれも党の方針に深く関与する立場にはなっていない。ただ、中国共産党が最初期の時点で回民の党員を受け入れ、しかも周恩来が彼らと接した経験を持っていたことは、その後の党の対回政策に影響を与えたと思われる。

事実、中国共産党は1930年代のなかば以降、さまざまな方法で回民の取り込みを図るようになった。背景にあったのは、党の方針転換と日本の中国侵略だ。

1934年、国民政府の征討を受けた共産党は、それまでの拠点だった長江南岸の江西省瑞金《ずいきん》を放棄し、やがて西北部の陝西省延安に新たな拠点を定めるまで、広大な中国大陸で約1万2500キロにもわたる逃避行を続ける長征《ちょうせい》を余儀なくされた。

この長征のルートは、江西省から山沿いに転進を繰り返して西南部の貴州省に逃げ、さらに雲南省に入ってから、四川省の後背部の高山地帯を踏破して甘粛・寧夏・陝西方面に移っていくものだった。その過程で紅軍《こうぐん》（人民解放軍の前身）は、国民党側の回民軍閥には苦しめられたものの、一般の回民の協力を得ることも多かった。

また、長征を終えた中国共産党が陝西省延安を中心に陝甘寧辺区《せんかんねいへんく》という根拠地を建設すると、彼らは統治下に大勢の回民を抱えた。当時の共産党は、国民党と回族軍閥の馬家軍に加えて、当時中国を侵略していた日本軍とも戦っており、しかも日本軍は回民を分離独立させて親日政権を作る謀略（回民工作）を企てていたため、回民の懐柔は党の生存を左右する重要事項と言ってよかった。

そのため中国共産党は、ライバルの国民党の民族政策との差別化も兼ねて、回民を漢民族とは異なる「民族」だと定義し、その地位の向上を図る。

毛沢東も1936年を境に、「回族」という表現を使うようになった。この時期の中国共産党は、中央党校や民族学校で回族の党幹部を養成したり、延安のモスクの看板に毛沢東がみずから揮毫《きごう》したりと、格別の配慮を重ねている。

中国共産党の少数民族観は本来、①共通の地域、②言語、③経済生活、④文化・心理的要素のそれぞれに共通性がある集団を「民族」とみなすスターリンの定義「民族を形成する4原則」に基づいている。回族は④の文化（＝イスラム教）以外は漢族と共通しており、この定義にはほとんど合致しない。だが、毛沢東としては原則を曲げてでも、身近な隣人である一般の回民の支持を獲得する必要があったらしい。

1942年には、陝甘寧辺区で回族の「自治」を認める回族郷《フイズゥシャン》という行政組織も設置された。現在、中華人民共和国では「新疆ウイグル自治区」や「延辺朝鮮族自治州」のように、地名に民族名を含めて形式上の自治を認めた行政区画が数多く存在するが、この民族区域自治政策の直接のルーツになったのが回族郷だ。

回族は、中国共産党が最初に向き合った「少数民族」だった。党の少数民族政策のもっとも基本的な部分は、彼らが政権を取る前の延安時代におこなった回族統治を雛形に整えられたと言っていい。

回族の成功者とアラビア語通訳

いっぽう、格別の配慮を受けた回族の側も、抗日戦争や中国革命に協力した人が多かった。

彼らは馬家軍のような軍閥や知識層は比較的国民党に近かったが、庶民層のあいだで共産党の評判は悪くなかったのだ。そのため、中華人民共和国の建国時の党高官や人民解放軍の将官には、回族出身者がそれなりに多く含まれている。

建国後も、党や軍・国家の中枢に入った回族出身の幹部は多い。すでに書いた回良玉が胡錦濤政権下で国務院副総理にのぼりつめたほか、各部の副部長（副大臣）や人民最高法院の副院長（最高裁副長官）、党の中央委員や軍の中将クラスまで出世した人が何人もいる。過去に回族の幹部たちが得てきた党・国家・軍のポストの数や地位の高さは、たとえば同じムスリムで人口規模も近いウイグル族と比べると、明らかに優遇されている。

ほか、国営放送CCTVの夜7時のニュース番組『新聞聯播《シンウェンリエンボー》』の女性キャスターだった海霞《ハイシャー》をはじめ、著名な芸能人や歌手・スポーツ選手などにも回族の出身者は多い。

経済界でも、アンタ・スポーツ創業者の丁世忠（前出）、かつては中国を代表するエネルギー企業だった光滙石油《グアンフィシィヨウ》の創業者である薛光林《シュエグアンリン》、メルセデス・ベンツの中国における合弁パートナーでもある自動車企業・北京汽車《ベイジンチーチャー》のCEOだった徐和誼《シュイホォイー》（2023年8月に党規律検査委員会の捜査対象になった）など、成功者が多い。

ただ、立身出世を果たした彼らの大部分はイスラム教の信仰を持ってないとみられ、実質的にはほぼ漢族と変わらない。現代の中国における回族は、宗教を捨てて党体制に組み込まれることで社会的上昇を果たす人たちが多いグループにもなっている。

いっぽう、まだしも回族の伝統を継承している若者のあいだで人気の職業が、アラビア語の通訳だ。

近年、中国は習近平政権が提唱した一帯一路政策のもとで中東やアフリカとの経済関係を深めており、アラビア語圏の諸国との往来が盛んである。

通常、一般の回族は（中国語なまりのコーランを読む以外の）アラビア語ができない人が多いが、他の中国人よりもアラビア語を学びやすい環境にいることは間違いない。アラビア語の通訳者は、円滑なコミュニケーションのためにイスラム教の知識や宗教的な生活習慣を身につけていることも必要になるが、回族の場合は本人がムスリムかその子孫なので、この点でも有利である。

ＧＤＰ世界２位の経済大国・中国と、北アフリカを含めたアラビア語圏との接点は多く、通訳の需要は大きい。

特に寧夏回族自治区をはじめとした西北地域は、経済面で比較的立ち遅れている土地でもあり、アラビア語通訳者になって沿海部の浙江《せっこう》省義烏《イーウゥ》市や広東省広州市などの貿易都市で働き高給を得ようと考える回族の若者がすくなくないという。

習近平体制下で圧迫されるイスラム文化

中国共産党との関係をさらに見ていこう。

中華人民共和国の建国後、中国のイスラム教は大躍進政策や文化大革命で大きな打撃を受けた。だが、回族の阿訇《アーホン》（イスラム教の宗教指導者）たちは「愛国愛教《アイグォアイジャオ》」をスローガンに掲げ、中国共産党の監督を受け入れることで信仰環境を維持する道を選んだ。

回族は過去に独立国家を作った例がほとんどなく（パンゼーの乱で雲南に成立した政権はごく短期間で消滅している）、言語的にも漢族とほぼ同じだ。彼らは自分自身が「中国人」であることにまったく疑いを持っておらず、分離独立運動も起こりようがない。為政者の視点からも、中国社会の多数派になじんだ「優等生」の少数民族であるとみられてきた。

――ただ、近年はすこし雲行きが怪しくなっている。

背景にあるのは、2010年前後に新疆問題をめぐってウイグル族のテロや騒乱が多発したことと、その後の習近平体制下でウイグル族弾圧が徹底して進められたことだ。

この弾圧は当初、「イスラム教」という宗教全体ではなく、ウイグル族やカザフ族など一部の少数民族だけが主な対象だった（たとえば、筆者が習近平政権の成立翌年の2014年3月中旬に新疆を訪れた際には、ウイグル族に対しては大学生のモスク立入禁止や各地での厳しい身分証確認がおこなわれていたいっぽう、回族にこれらの制限はなかった）。また、制限は新疆ウイグル族自治区に限っておこなわれており、中国の他の地域では実施されていなかった。

しかし、習近平政権が2期目に入った2010年代後半からは、新疆にウイグル族の「再教育施設」（実質的な強制収容所）が多数作られるなど弾圧が極端にエスカレートした。これと同時に新疆以外の地域や、ウイグル族とはあまり関係がないイスラム文化に対しても圧迫を加える動きが出てきた。

図2－4　**寧夏回族自治区を視察する習近平**　2020年（新華社／アフロ）

たとえば2019年9月23日付けの『ニューヨーク・タイムズ』中国語版は、寧夏回族自治区・河南省・内モンゴル自治区などで、回族のモスクの屋根からイスラム教を象徴する三日月が現地当局により撤去されたことや、北京を含む各地でモスク内のアラビア文字が取り払われたこと、さらに雲南省でモスク3施設が閉鎖されたことを伝えている。

類似の報道はその後もしばしば出ており、モスクからイスラム教的な装飾を取り払って外見を普通の建物に近づけたり、未成年者のモスクへの立ち入りやヒジャブ（イスラム教徒の女性が頭部や身体を覆う布）の着用を禁じたりする動きが、寧夏・雲南・海南などの各地で進んでいる。

「東方の小メッカ」の受難

なかでも注目したいのが、中国西南部の雲南省の南に位置する沙甸《シャーディエン》地域の動向だ。ここは紅河《ホンハァ》ハニ族イ族自治州箇旧《ガージュウ》市という辺境地帯の一地域だが、住民のほとんどが回族で、中国でももっともイスラム的なムードが色濃い場所として知られている。かつてパンゼーの乱が起きたことからもわかるように、実は雲南省は中国のなかでもイスラム教の信仰が盛んな土地である。

沙甸地域は文化大革命の末期、政府が派遣した漢族の「毛沢東思想宣伝隊」と回族住民が激しく衝突した歴史を持つ。この騒乱は当局の強硬な対応を招き、1975年夏には人民解放軍1万人が武力を用いて現地の回族たちを鎮圧、約1600人の犠牲者が出た（沙甸事件）。ただ、その後の鄧小平体制下で「誤り」が公的に認められたことで、事件の名誉回復がなされた。

沙甸事件の負い目もあってか、その後の政府側は現地のイスラム信仰に寛容な姿勢を示し、彼らの宗教教育や宣教活動を長年にわたって黙認してきた。2005年には、住民の寄付によって地域のモスクが大改修され、敷地面積が1万7700平方メートルという巨大なアラブ様式のモスクも建てられている（沙甸大清真寺）。

沙甸地域ではやがて、住民の要求を受けて、イスラム教のタブーであるアルコールの販売も禁じられるようになった。この地域は中国であるにもかかわらず、「東方の小メッカ」のあだ名で呼ばれるほどイスラム的な社会が形成されたのだ。

沙甸と同様の回族エリアである、約140キロ離れた通海《トンハイ》県納古《ナーグゥ》鎮でも、2004年には地域のモスク「納家営清真寺」が改修され、アラブ風のミナレット（尖塔）を持つ巨大な建物に生まれ変わった。瓦葺きの中国風モスクを、イスラム教の本場であるアラブのモスクの姿に近づけていくことが、ゼロ年代の雲南回族の社会のトレンドだったのだ。

だが、雲南のイスラム社会は近年になり大きく動揺している。

かつてはウイグル族など新疆の少数民族だけに向いていた強力な締め付けが、同じイスラム教徒である回族にも徐々に向けられるようになってきたからだ。

『ボイス・オブ・アメリカ』をはじめとした欧米メディアの中国語ニュースによれば、2023年5月27日に納古鎮の納家営清真寺で、当局がアラブ風のミナレットや天井のドームを取り壊して「中国的」な形状に変えるる工事をおこなおうとしたところ、回族住民が強く反発。抗議する数百人の住民側と警察側で小競り合いに発展したという。

また、2023年ごろからは沙甸大清真寺も、当局による同様の工事が進められ、現在はすでにアラブ風のミナレットは撤去されているという。

習近平体制は「宗教の中国化」を提唱し、漢民族と関係が深い道教や仏教を比較的保護する反面、キリスト教やイスラム教に対しては、たとえ政府公認の宗教施設でも圧迫を強めてきた。

特にイスラム教の場合、ウイグル問題の影響から当局者の警戒心が強いことや、国外のイスラム原理主義との結びつきへの懸念といった理由が加わるため、強い監視対象となる。いまや、たとえ回族であっても18歳未満はモスクへの立ち入りが禁じられ、中国国内の清真食堂の看板や清真食材のパッケージからはアラビア語の文字が消し去られるようになった。

現在の回族が、宗教的な過激化や大規模な反乱などの道を選ぶ可能性は低い。だが、近年の中国では、地方の党幹部らが党や習近平への忠誠心を示す目的から極端な行動を起こしがちである。近年強まった弾圧政策も、それゆえの暴走という側面が否定できない。

いっぽう、回族の側もこうした風潮を嫌がり、信仰の自由やイスラム教育の機会を求めてマレーシアなどに移り住む人が増えている。マレーシアは中国から見てもっとも近いイスラム圏の国のひとつで、政情も安定しており中国語の通用度も高い。

事実、私が２０２４年８月に現地を訪れた際も、クアラルンプールの繁華街のあちこちで蘭州ラーメン店を見かけ、相当数の回族たちが移住していることが想像できた。一説では、中国からマレーシアに約３０００人の回族が逃げ込んでいるという。

中国の少数民族政策の原点に深くかかわり、建国後もながらく「優等生」として見られてきたはずの回族は、いまや大きな岐路に立たされつつある。

第3章　ウイグル族——国内外の政治に翻弄される「ジェノサイド」

美食、モデル、国会議員

近年、深刻な人権問題が報じられているウイグル族については、おそらく多くの人がその名を耳にしたことがあるだろう。

国籍のうえでは「中国人」にもかかわらず、彫りが深く鼻が高いコーカソイド的な（つまり欧州や中東の人のような）外見の人が多く、言語はウイグル語、文字は通常はアラビア文字を使う。

ナンや手延べ麺のラグマン、ピラフの一種であるポロなど、彼らの中央アジア風の民族料理は知る人ぞ知る絶品グルメだ。中国で女優や歌手、ファッションモデルとして活躍しているウイグル族出身のディリラバは、「絶世の美女」のキャッチフレーズで日本

図３－１　**英利アルフィヤ**
2023年５月19日、衆議院議員会館にて筆者撮影

でもそれなりの知名度がある。

ほか、２０２３年に日本の衆議院補選千葉５区で自民党から立候補して当選した議員の英利《えり》アルフィヤも、新疆ウイグル自治区出身のウイグル人の父とウズベク人の母のもとで生まれたウイグル系日本人である。この千葉５区の補選は前職の自民党議員が政治資金問題で辞職したことでおこなわれ、メディアの注目度が比較的高かったため、ご記憶の人もいるかもしれない。

ウイグル族は、イスラム教を信仰するテュルク（トルコ）系の少数民族だ。彼らの外見的特徴や、イスラム教の影響を受けた生活習慣は漢族とはまったく異なっており、人口約１２００万人の大部分が、中国西北部にある新疆ウイグル自治区で暮らしている。彼らが中国共産党の統治下で「ジェノサイド」とも称されるほどの迫害を被っていることは、２０１０年代末から日本の一般メディアでも盛んに伝えられるようになった。

だが、「そうなるまで」の経緯は広く知られているとは言いがたい。

そもそも、中国の版図のなかに、なぜここまで漢族とはかけ離れた人たちが、相当な人数で（中央アジアの近隣国のキルギスやタジキスタンの人口よりも多い）暮らしているのか？

センセーショナルな迫害の話題を追う前に、まずはこちらを整理しておこう。

シルクロードの「西域」が「新疆」になるまで

古来、玉門関《ぎょくもんかん》の西にあるシルクロード周辺のオアシス地域は「西域《さいいき》」と呼ばれてきた。

ときに中華王朝の支配や文化的影響を受けつつも、中国本土とは異なる世界としてながらく存在してきた地域である。一昔前の世代なら、井上靖の小説『楼蘭』やドラマ『西遊記』などのイメージを持つ人もいるだろう。

現在まで連続する中国支配の端緒は、18世紀なかばにこの地域を拠点としていたモンゴル系の遊牧帝国ジュンガルが清の乾隆帝に征服され、新たな領土を意味する「新疆」という地域名が生まれたことにはじまる。

新疆ではその後、清末にいったん支配がゆるみ、中央アジアから移動してきたウズベク系の武将ヤクブ・ベクが清の勢力を追い出す事件を起こすも、ほどなく漢人の名将・左宗棠《さそうとう》が巻き返して再征服した。

結果、1884年に新疆省が設置されて中央政府の直轄下に組み込まれ、省の枠組みは次代の中華民国でも継承された。ただし、内戦続きの動乱期だけに中央政府の支配は十分に及ばず、ウルムチなどの主要都市は漢人の軍閥のもとで半独立的な立場を保った。いっぽう、地方では前近代以来の生活が続き、現地の多数派の住民であるテュルク系のイスラム教徒を中心とした伝統的な地域社会が営まれていた。

だが、やがてこれらのテュルク系住民からも自立の動きが出る。

最初の動きは、1933年に新疆西部のカシュガル付近で「東トルキスタン・イスラーム共和国」が成立したことだ。この政権の支配範囲は狭く、わずか数ヵ月で壊滅したが、やがて11年後によく似た名前の別の政権が成立する。

すなわち、1944年にソ連の協力を得たテュルク系住民が蜂起し、新疆北部の都市グルジャ（伊寧《イーニン》）を中心に成立した「東トルキスタン共和国」だ。この蜂起は、政権がイリ・タルバガタイ・アルタイの3地区を地盤にしたことで「三区革命」とも呼ばれた。

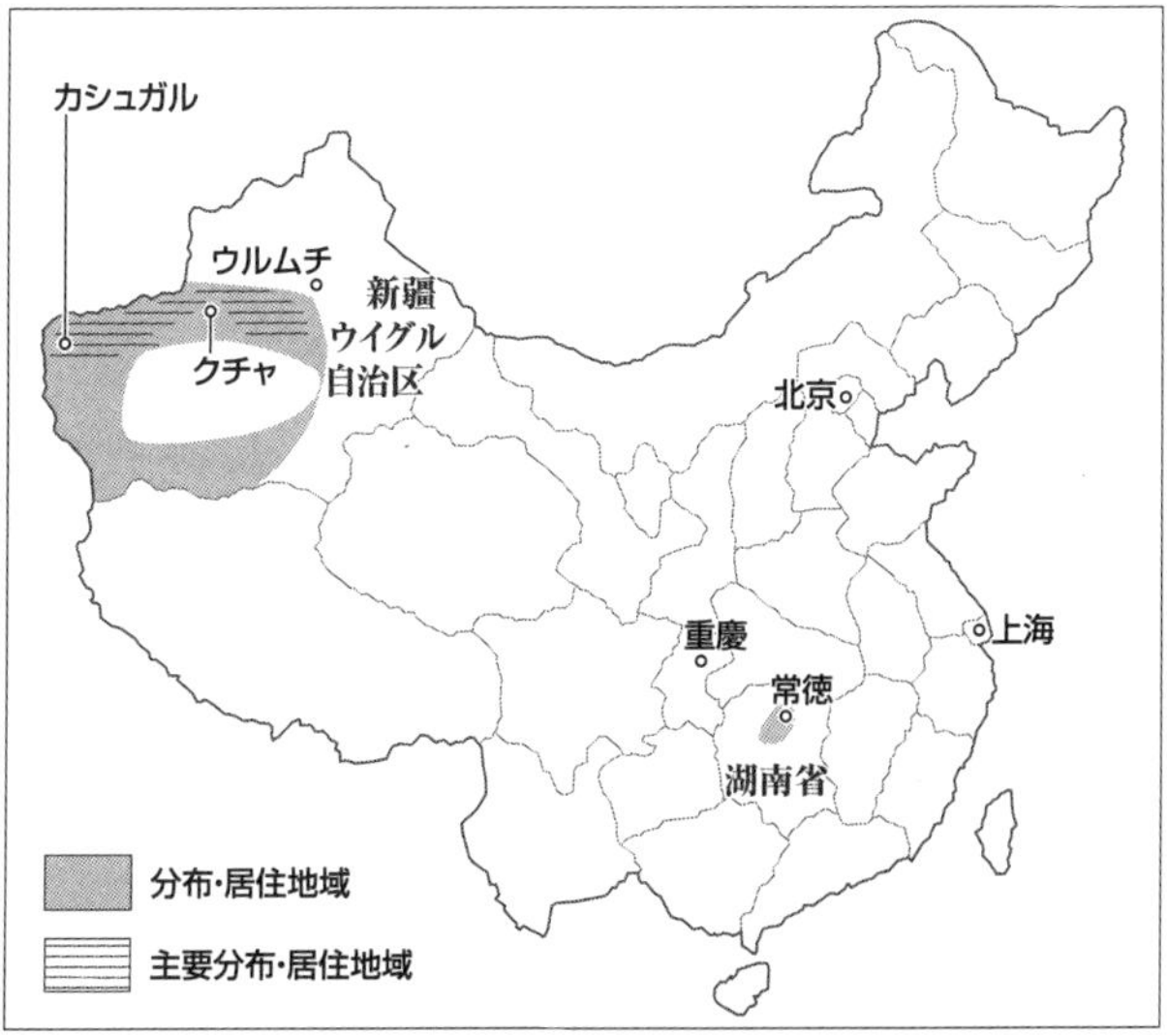

図3-2　**ウイグル族の分布**　内陸部の湖南省には、元代に新疆から移り住んだ集団の末裔とされる人々がおり、彼らも民族区分の上では「ウイグル族」とされている。『中国少数民族事典』をもとに作成

ただ、東トルキスタン共和国の寿命も短かった。この政府の指導者層は中国共産党に親和的で、中華人民共和国の建国前夜の1949年8月に北京の政治協商会議に出席するために飛行機で出発したところ、搭乗機がソ連領内で謎の墜落事故を起こして全員が死亡してしまったのだ。

主要な人材が一気に失われた結果、残った政府指導者たちは、新疆省の国民党系の政府幹部らとともに中国共産党に投降。ほどなく王震《ワンヂェン》が率いる人民解放軍がウルムチに入り、新疆省人民政府が成立したことで、新疆地域は中華人民共和国の版図に組み込まれた。

現在の中国の少数民族問題では、ウイグル族とチベット族がよく比較されるが、チベットが前近代以来の長い歴史を持つ政権を擁しているのと比べると、新疆の東トルキスタン共和国は歴史も規模もささやかだったことがわかるだろう。

これは「ウイグル族」という民族そのものについても同様だ。

私がここまで、彼らの先祖を「テュルク系住民」と書いてきたのも、実は理由がある。彼らは20世紀初頭まで、自分たちが「ウイグル」だという自覚をほとんど持っていなかったためだ。前近代、中央アジアには唐王朝をおびやかした遊牧帝国のウイグル（回《かい》鶻《こつ》）やその後身でモンゴル帝国に従った天山ウイグル王国なども存在したが、これらの国々と現代のウイグル族とは必ずしも連続していない。

20世紀初頭の新疆のテュルク系住民たちは、漢人から「纏頭回《てんとうかい》」（頭にターバンを巻いたイスラム教徒）と呼ばれ、また個々人が住むオアシスごとに「トルファン人」「カシュガル人」とは自称していたが、民族全体を指す呼称は存在しなかった。

だが、やがて1921年に隣国のソ連から「ウイグル」という民族名で呼ばれはじめた。1935年にも新疆の漢人軍閥の指導者だった盛世才《せいせいさい》が「ウイグル」（維吾爾）という表現を使うなど、この呼称の使用例は徐々に増えていったが、1947年に新疆省のウイグル人党幹部が「われわれはウイグルではなくテュルクである」と公言した例も伝わっているように、民族のアイデンティティはなかなか定まらなかった。

大部分のウイグル族が自分自身を「ウイグル」だと考えるようになるのは、実は中華人民共和国が成立して民族識別工作がおこなわれて以降のことである。

自治と抑圧のはざまで

もっとも、民族の呼称はさておき、漢民族が中心の社会主義国家である中華人民共和国による併合に不満を持つイスラム教徒たちの抵抗は激しかった。カザフ人の指導者オスマン・バートルが東トルキスタン共和国の旧領付近で大規模な蜂起を起こして1951年に処刑されたのをはじめ、新疆では1950年代を通じて反乱が絶えず、約9万人が処刑されたとも伝わる。

いっぽう、併合から間もない時期の中国当局は、彼らに対して弾圧一辺倒で臨んだわけでもなかった。

建国直後の1950年代前半までは、自国内に漢民族とは異なる伝統を持つ民族が存在することを認める民族識別工作の実施や、彼らの「自治」を認める民族区域自治の施行、各民族の言語や文字の復興・創造、中国本土と比較して社会改革の程度を弱めるなど、各種の融和的政策も取っていたからだ。すでに書いたように「ウイグル族」という民族名もこの時期に定着している。

また、自治区の設置前夜、新疆では少数民族のエリート層の体制協力が不可欠だったこともあり、往年の三区革命の参加者や国民党時代の省官僚など旧政権時代の実力者が、中国本土の漢民族よりもかなり寛容な条件で中国共産党に入党を許された。

こうした融和政策は、当時の党中央西北局の第二書記で、比較的開明的な党幹部だった習仲勲《シィヂョンシュン》（習近平の父親）の意向が反映されたものだったという。当時、毛沢東は新疆の行政区画名を「新疆自治区」にしたがったが、ウイグル族党幹部のセイフディンが習仲勲に「ウイグル」の民族名を加えてほしいと要請したことで、現在の「新疆ウイグル自治区」という行政区画名が決まったという逸話も伝わる。

だが、党がウイグル族に配慮を示した期間は短かった。

中国の社会主義体制が固まった1950年代後半からは、新疆でも農業・牧畜の集団化が進められ、加えて人民解放軍の屯田兵組織である新疆生産建設兵団の入植やカラマイ地域の油田開発など、少数民族の権益を圧迫する政策がいくつも進んでいく。シルクロード世界に理解があった習仲勲も、１９５２年に中央入りしたことで新疆関連の部署から離れてしまった。

１９５７年の６月から起きた反右派闘争では、新疆全土の少数民族幹部（ウイグル族以外も含む）が「地方民族主義分子」として２３００人以上も処分された。なかでも、過去に東トルキスタン共和国の建国やオスマン・バートルの乱を経験したイリ・カザフ自治州への締め付けが厳しく、１９６２年にカザフ族ら約６万人が隣国のソ連に集団越境する事件の遠因にもなっている。

その後、１９６６年に勃発した文化大革命のなかで、少数民族地域への優遇や文化の保護、きめ細かい言語教育などは従来に増してなおざりになり、少数民族出身の党幹部の失脚も続いた。加えて１９６４年から80年までは、新疆のロプノール核実験場で、住民への詳しい説明がなされないまま大気圏内核実験が繰り返され、地域環境や住民の健康に大きな被害が出た。

文革後、ひととき得た「自由」

このように、ウイグル族は現在まで一貫して弾圧され続け、文化や伝統を奪われてきたのである――。と、話はそこまで単純ではない。

ウイグル問題をいっそう複雑にしているのは、文革後の1980年代に締め付けが緩んだ時期があったことだ。近年の人権侵害の悲惨さは、比較的近い過去にそれなりの「自由」が認められた時代が存在したことで、より際立っている面がある。

この時期には改革開放政策の明るい雰囲気のなか、文革で破壊されたモスクの再建や宗教学校の開設、ラマダン明けの祭りや犠牲祭といった宗教行事の活発化など、イスラム教の文化がかなり復興した。毎日の礼拝やラマダンの断食を守る人が増え、メッカへの巡礼者も増加。地方社会では宗教指導者（イマーム）の権威の向上もみられた。

また、ウイグル族の知識人の旗振りのもとで民族意識が高まり、11世紀の学者であるマフムード・カシュガリーなどの人物が「ウイグル族の英雄」とされ、12ムカームと呼ばれる民族音楽が「ウイグル族の音楽」として広く知られるようになった。さらに、ウイグル族が中央アジアで8000年の伝統を持っているとする歴史観も提唱された（ただし、こちらは当局の歴史観と相容れなかったことで書籍が発禁処分になっている）。

20世紀なかばまでは民族としてまとまっていなかったウイグル族は、毛沢東時代の過酷な統治を経験してから比較的自由な時代を迎えたことで、かえって民族的な自覚を強めたのだ。

いっぽう、中華人民共和国の建国から30年以上を経たことで、党幹部の子弟などには言語や文化習慣がほぼ漢族化したウイグル族もあらわれた。

そうした人物の例では、1989年の天安門事件の学生リーダーだったウアルカイシ(吾爾開希《ウゥアルカイシー》)が有名だ。彼の場合、ウイグル語をほとんど話せず母語は中国語、イスラム教の信仰を持たず豚肉食や飲酒もタブー視しないという、外見以外は漢族とほとんど変わらない「中国人」である。往年の彼は凛々しさと標準中国語の弁才から、学生デモのアジテーションの名手として知られた。1989年5月18日に開かれた中国政府代表者と学生運動組織の対話の場では、当時の国務院総理だった李鵬《リィポン》に激しく食っ

図3-3 **ウアルカイシ** 2015年9月7日、台湾の台北市内のホテルで筆者撮影

てかかったことでも有名である。

ウアルカイシは天安門事件後に海外に亡命し、現在は台湾で生活している。私が2015年に本人に取材したところでは、今世紀に入り在外ウイグル人組織の指導者就任を打診されたものの、彼はそれを辞退したという。おそらく自分が漢化しすぎていることで、ウイグル民族運動の顔になるのはふさわしくないと考えたのだろう（ただし、2021年に台湾で超党派議連の「台湾国会ウイグル連線」が結成された際の記者会見に出席するなど、彼は在外ウイグル人の活動に一定のサポートをおこなっている）。

さておき、1989年にウアルカイシが「中国」の改革を夢見て学生デモの中心になったのは、彼が自分自身を紛れもなき中国人だと考えていたためだ。

彼ほどではなくとも、1980年代のウイグル族の若いエリートは、漢族とは異なる存在としての民族意識があるいっぽうで、自分たちが「中国人」だという意識も根強かった（過去に新疆農業大学で講師〔1985～94年〕を務めた経歴を持つ在日ウイグル人の民族活動家、トゥール・ムハメットからの聞き取りによる）。

いっぽうで中国社会の内部でも、ウアルカイシが学生運動のリーダーとして受け入れられ、李鵬との対話の席にまで出ていた事実からもわかるように、ウイグル族と漢族の心理的な摩擦は現在と比べてかなり弱かった。

「テロとの戦い」が招いた弾圧

現在につながる極度に悲惨な状況は、1990年代から段階的に進行した。1989年のチベットでの騒乱（第1章「チベット族」も参照）や天安門事件をきっかけに、当局が従来の「自由」な政策を見直したのだ。新疆においても、メッカ巡礼や宗教学校の拡大を制限する処置が取られ、少数民族の民族主義の芽生えにブレーキをかける政策がみられるようになった。

加えて改革開放政策によって中国の国内移動が以前よりも自由になると、中国本土から新疆に移住する漢族が増加し、現地のイスラム教徒との文化摩擦や経済摩擦が目立ちはじめた。

結果、少数民族側の反発が強まり、1990年4月には新疆西部のアクト県バレン郷でウイグル族らの蜂起が発生する（バレン郷事件）。これは東トルキスタン・イスラーム党という反政府組織が中心となって起こした騒乱で、鎮圧にあたった人民解放軍や武装警察、新疆建設兵団の民兵と数日間にわたり激しい戦闘がおこなわれた。

バレン郷事件の中心になった集団は宗教色が強いグループ名を名乗っているが、実際の主張は計画生育政策にともなう強制中絶の反対や、漢族移民の流入反対と新疆からの漢族の追放など、生活上の問題が強調されていたという（ちなみに産児制限政策は、日本では「一人っ子政策」として知られる。少数民族であるウイグル族については、都市部で2人、農村部で3人までの産児制限が要求されていた）。

この事件の被害規模は不明な点が多いものの、蜂起グループや戦闘に巻き込まれた一般市民がおそらく100人以上死亡し、鎮圧側も相当な被害が出た。国際人権団体のアムネスティ・インターナショナルによれば、事件後に約6000人が反革命罪で訴追されたという。いっぽう、蜂起グループの残党は地下組織化し、その後も新疆の各地で反政府テロを繰り返したとされる。

さらに1997年2月には、東トルキスタン共和国の故地グルジャでウイグル族の青年300～1000人ほどがデモをおこない、当局側がこれに発砲。数十～数百人が死傷する事件が起きた。アムネスティによれば、背景にはウイグル族の伝統的な集会や彼らのサッカーリーグに対する解散命令への反発や、宗教学校の閉鎖、失業問題などへの不満によるものだったという。

いっぽう、中国政府側は一連の事件を「国家分裂主義者」による体制転換の企てであるとして、融和よりも締め付けで対処していく。

こうして民族問題の火種がくすぶりはじめたなか、ウイグル族にとっては不運な事態が起きた。2001年9月11日にアメリカで同時多発テロが発生し、過激なイスラム主義者に対する「テロとの戦い」が世界的潮流になったのだ。

当時、米中関係は台湾問題やNATO軍による駐ユーゴスラビア中国大使館の誤爆問題などもあってやや険悪な状態だったが、アフガニスタンやパキスタンと国境を接する中国は、9・11事件に際して反テロ（反恐《ファンコン》）を合言葉にアメリカと和解。関係を改善させる。結果、中国は新疆の少数民族を堂々と締め付けられるようになった。

2003年、中国当局はウイグル族の過激イスラム主義組織とされる東トルキスタン・イスラム運動（ETIM）をテロ組織として指定し、国連やアメリカ政府、日本の公安調査庁などもこれに同調する（ETIMについては、新疆の人権問題が国際問題化した2020年以降、西側諸国でのテロ組織指定が解除された）。この組織との明確な関係は不明ながら、北京夏季オリンピックを控えた2008年には、ウイグル族によるとみられる爆破テロ事件が中国各地で発生した。

いっぽう、中国当局はこうした過激派のみならず、世俗主義的なウイグル族が穏健な権利向上を求める主張についても、テロと結び付けて論じるようになった。

2004年には在外ウイグル人の民族運動組織が合同して世界ウイグル会議（WUC）を結成したが、中国当局はこうした比較的穏やかな主張を掲げる組織も、ほぼテロリスト扱いをする姿勢で臨んでいる。

いっぽう、国際社会ではゼロ年代から2010年代前半まで、アメリカの対テロ戦争やイギリス・スペインなど先進国での過激なイスラム主義者によるテロが繰り返された。さらにはイスラム国（IS）の台頭など、中東を舞台とする剣呑なニュースが続いた。

結果、シルクロードの奥地のイスラム教徒であるウイグル族の人権問題に、欧米先進国の注目や同情はなかなか集まらなかった。「9・11事件の最大の被害者はウイグル人だ」とは、在外ウイグル人の知識層が口を揃えて話す皮肉である。

経済発展、差別、大規模騒乱

中国版の「テロとの戦い」は、デモの武力弾圧や少数民族の宗教活動の制限といった強硬策だけではない。

中国政府は２００１年から、内陸部の経済発展を図る政策「西部大開発」を推し進め、新疆のＧＤＰ成長率は毎年10％前後を記録するようになる。地域を豊かにして住民を「メシが食える」状態にすれば反乱を防げるという統治思想は、中国本土の漢族の土地に対しては有効なことが多い。

だが、文化や宗教が異なるウイグル族に対して、この政策はかえって反発を生んだ。フロンティアである新疆の豊富な地下資源と経済発展に惹かれた漢族が、中国本土から大量に流入したためだ。そして、漢族が経済的に優位に立ったことで、少数民族との格差は拡大した。２０１０年の非農業従事者の失業率が、漢族の５・７％に対してウイグル族は10・３％（カザフ族は18・３％）であることを見ても、このことは明らかだ。

経済発展に連動して進んだ都市開発やインフラ整備も、少数民族からは必ずしも歓迎されなかった。中国ではしばしば、不動産デベロッパーと結託した地方政府が古い家屋を破壊して新しいマンションを作り、そこに住民を移住させる「貧困対策」が採用され、これを比較的好意的にとらえる中国人も多い。だが、開発の過程でモスクが破壊されたり伝統的な地域コミュニティが解体されたりしたことで、この政策はウイグル族には不満を残した。

いっぽう、改革開放政策のなかで中国本土の都市部に出稼ぎに向かうウイグル族も増えた。だが、この現象も都市部の漢族からの差別感情を強める結果につながった。そもそも、庶民層のウイグル族から見て、征服者であり宗教も異なる漢族は基本的に好感を持ちづらく、相互の信頼関係を構築しにくい。いっぽう、地域意識が強く異文化への関心が薄い（自分たちの都市以外の出身者には同じ漢族に対しても偏見を持ちがちな）都市部の漢族も、外見や習慣が異なるうえに心を開くこともないウイグル族を敬遠した。相互のそうしたすれ違いは、ほどなく蔑視や差別に転化する。

　中国の都市住民のあいだには、ウイグル族を犯罪者予備軍であるとみなす偏見が根強く存在している。私自身、ゼロ年代前半の留学時代、街で漢族の警官が集団でウイグル族を暴行したという噂を「痛快な笑い話」として話す同級生を見て驚いた経験がある。

　現在40代以上の世代の中国人であれば、たとえ政治的にリベラルな価値観を持っている知識層でも「新疆人《シンジャンレン》」（≒ウイグル族）と聞いて露骨に眉をひそめる人が決してすくなくない。彼らの懸念は完全にゆえなきことでもなく、ゼロ年代ごろまでの中国本土の都市部では、ウイグル族の出稼ぎ労働者による窃盗や性犯罪などがそれなりに多くみられたという事情もある。

私が確実に言える話でも、当時の上海の華東師範大学の付近で営業していたウイグル族のシシカバブ屋台が、外国人留学生向けに薬物を販売していた事実はあった。都市部のウイグル族のなかにマフィア化した人々がいたことも確かで、そうした一部の事例がいっそう漢族からの偏見を煽ったと考えられる（そもそも当時は中国全体の治安が劣悪だったため、漢族の犯罪者やマフィアはそれ以上に多かったはずだが）。

こうして漢族とウイグル族の相互不信が高まり続けた結果、2009年夏、ウイグル問題の大きなターニングポイントとなったウルムチ騒乱が発生する。

ウルムチ騒乱の深い闇

2009年6月、広東省韶関《シャオグアン》市内の工場でウイグル族が漢族の女性を強姦したとするデマが流れ、漢族労働者とウイグル族労働者が数百人以上の規模で衝突して後者2人が死亡する事件が起きた。この一件が導火線となり、7月5日に新疆の区都であるウルムチ市内で、ウイグル族らの大規模な抗議デモが発生することになった。

ウルムチ騒乱は、海外メディアの目が届かない中国の最深部で起きたうえ、中国政府側の報道や公式発表と、在外ウイグル人組織の報告が大きくかけ離れている（在外ウイグル人組織は国際的注目を集める目的からか、針小棒大な発表をおこないがちな傾向がある)。そのため、実態については不明な点が多い。

ただ、ウイグル族の数千人規模のデモ隊がなんらかの理由で暴発して現地の漢族を襲撃し、対して漢族側の住民も集団でウイグル族を襲う報復行為に出たこと、その後の当局側のウイグル族弾圧が苛烈を極めたことは、おそらく間違いない。

騒乱では当局側発表でも約200人(在外ウイグル人組織の主張では約3000人)が死亡した。また、暴力行為とは関係がないウイグル族も数多く拘束されたとみられている。中国国内でツイッター(現X)をはじめとした海外のSNSやウェブサイトへの接続規制が大幅に強化されたのも、この事件が大きな契機のひとつだ。

ウルムチ騒乱でタガが外れたように、中国ではその後5年ほどにわたり、ウイグル族など新疆の少数民族によるテロや騒乱・デモが頻発した。特に2013~14年ごろは、ニュースをチェックしていた実感では月に1度ほどのペースでこうした事件が起きていた。

なかでも、2013年10月28日にウイグル族とみられる男性が北京の天安門に自動車で突入する自爆テロを起こして約40人の死傷者を出した事件や、2014年3月1日に

図3－4　**「党中央の深い思いやりへの感謝」を、ウイグル語と中国語で訴えるプロパガンダ看板**　2014年3月、新疆のヤルカンド（莎車）県にて筆者撮影

雲南省昆明駅でウイグル族とされる黒服の集団が居合わせた市民を殺傷して犯人グループ4人を含む35人が死亡した事件は、中国社会に多大な衝撃を与えた。

いっぽう、一連の事件について中国当局は、前出の過激派組織ＥＴＩＭやその後継団体とされるトルキスタン・イスラム党（ＴＩＰ）が関与したと主張しているが、真相は不明な部分が多い。

続発するテロに対して、当局はマンパワーで新疆を封じ込める作戦に出た。

たとえば、私が２０１４年3月に新疆に行った際には、地方か都市部かを問わず、一般警察である公安《ゴンアン》、暴徒鎮圧部隊の武警《ウゥジン》（武装警察）、対テロ部隊の特警《タージン》（特殊警察）、地方政府が臨時雇用する事実上の準治安維持組織である城管《チェングアン》（城市管理執法）のすべての部隊が大量に路上を巡回し続けており、さながら中国の治安維持機関の見本市のようだった。中国本土とは異なり、武警や特警はもちろん、本来は普通の警官である公安（中国語で「公安」は警察そのものを意味する）もアサルトライフルを装備していた姿が印象に残った。このとき私は、新疆南部のポスカム県で、こうした治安維持機関からわずか半日間に4回も尋問（＝拘束）される経験をしている。

ちなみに、当時の新疆における治安部隊の末端の人員には、目視で確認する限りではかなり高い割合でウイグル族など地元のイスラム系の少数民族が充てられていた。漢族がウイグル族の雇用を忌避しがちなこともあり、若い男性の多くが就職難に直面していたことから、当局はこうした人たちを治安部隊に雇用して同胞を取り締まる役割を担わせていたようだ。

収容所、デジタル監視、難民化

そして２０１４年４月30日、ウイグル問題のもうひとつのターニングポイントとなる事件が起きる。

国家主席に就任して約1年が経った習近平が新疆を訪問していた際に、刃物を持った集団がウルムチ南駅を襲撃して爆破テロを起こし、襲撃者2人を含めて3人の死亡者を出したのだ。事件現場は習近平がいる場所から約4キロしか離れておらず、自治区当局は完全にメンツを潰される形になった。

結果として起きたのが、すでに日本でも盛んに報じられているような、新疆の社会における徹底的な弾圧とデジタル監視体制の構築である。

2010年代後半以降、新疆には職業技能教育訓練センター（職業技能教育培訓中心）と呼ばれる施設が多数作られ、100万人ともいわれる人々が入所を強いられたという。施設内ではイスラム教徒の「脱過激化」のための中国語教育や愛国主義教育がおこなわれるいっぽう、収容者に対する暴行や強姦・拷問・薬物投与なども繰り返されているとされ、これらが事実であれば実質的な強制収容所に近い施設だと考えていい。

新疆の社会では、ウイグル族らを対象とした強制労働や女性の強制不妊手術なども進行しているとされる。漢族などの公務員を、仮の「親戚」に位置づけてウイグル族の一般家庭と親しく交際させる（＝密告・監視させる）制度も整えられた。この「親戚」が家庭内の女性を要求するなどして、激昂したウイグル族が「親戚」を殺害したとみられる事件も複数報じられている。

かつては治安機関の人海戦術でおこなわれていた住民管理も、監視カメラの大量設置と顔認証機能の普及、さらに個々の新疆住民のスマホに監視アプリのインストールを要求するといった、デジタル監視技術がフル活用されるようになった。一連の監視や迫害は、ウイグル族だけではなくカザフ族など新疆の他のイスラム系の少数民族に対しても実施された。

ちなみに、BBCなど近年の欧米メディアが報じるこうした情報の多くは、ドイツ出身でアメリカ在住の文化人類学者であるエイドリアン・ゼンツが2019年以降に発表したレポートにもとづいている。かつて私がゼンツ本人にインタビューして確認したところ、彼の研究は中国国内から流出した公文書や亡命者の証言、現地の報道や求人広告などの公開情報を精査したもので、学術的には妥当なプロセスを踏んでいる(『文藝春秋』2021年9月号)。ゼンツは、欧米人としては中国語の運用能力も高い。

とはいえ、新疆問題を伝える国際報道の多くが、ゼンツの研究という単一の情報源に頼っている点は注意が必要だ。拘束人数の規模や、「強制収容所」「強制労働」の実態については、多少は割り引いて解釈する必要があるかもしれない。

ただ、私が2019年2月ごろに在日ウイグル人を取材して調べた限りでも、「息子が日本で暮らしている」といった些細な理由で故郷にいる父親が拘束されたり、そうした親族を「人質」にした当局から帰国を強要されている（帰国後は同じく拘束される可能性が高い）事例を数多く確認している。イスラム教の経典であるコーランを所持しているとテロリストの疑いをかけられるため、地域住民が泣く泣く土に埋めているとも聞いたことがある。

いっぽう、一連の苛烈な弾圧の結果、新疆でのテロや騒乱事件は2016年ごろから激減した。

習近平体制のもとで働く新疆の地方党幹部たちからすれば、当局がわざわざ少数民族の心情を理解して歩み寄るよりも、その人口の相当数（ウイグル族の全人口は1200万人程度）を収容所に放り込み、残った人々を恫喝して全住民をデジタル監視下に置いてしまうほうが、「地域の安定」という実績を上げるうえでは手軽で効果的なのだろう。

ゆえに近年、締め付けに耐えかねて陸路での中国脱出を選ぶウイグル族が増えた。結果、タイなどの親中的な近隣国に逃げ込んだウイグル難民がしばしば強制送還されているほか、一部が先鋭化してイスラム国やヌスラ戦線のような中東の過激派武装組織に身を投じる例も出ている。

ただし、中東で現地取材をおこなう日本人ジャーナリストに聞いた話によると、本国での戦闘経験を持たない亡命ウイグル兵は、戦い慣れたイラクやシリアの兵士たちのなかでは役に立たないことが多く、武装組織から「弾除け」のような役割を与えられがちだという。

ほかにウイグル族ではなくカザフ族の例だが、新疆から陸路でウクライナまで亡命したものの、生活に困窮したことで中国の在外情報機関に買収され、ドイツやオランダに住む反体制派中国人の弾圧工作に加担するようになった事例もある（拙著『戦狼中国の対日工作』参照）。

新疆に残れば、収容所に入れられるか厳重な監視下に置かれるかして、民族的なアイデンティティを否定される。海外に逃げれば不安定な立場で貧困と強制送還に怯え、ときに過激派組織や中国のスパイ組織に使い捨てのように扱われる——。

現在のウイグル族が置かれている立場は、きわめて悲惨だ。

ネット右翼、自民党とウイグル民族主義運動

新疆のこうした人権問題は、他国では数年前まで関心を持たれていなかった。だが、実は西側主要国で唯一、例外だった国が日本である。

弾圧が現在よりも弱かったゼロ年代までは、日本はウイグル族のエリート層の留学先として人気だった（英利アルフィヤの父親の英利アブライティやトゥール・ムハメットも、1980～90年代に日本に渡航して定住した人たちである）。

留学生や在外ビジネスマンのなかには、中国支配に反発して政治化する人たちがいた。だが、日本のリベラル勢力が中国の人権問題に無関心だったこともあり、在日ウイグル人の民族主義者は日本のアジア主義系の伝統右派と結びつくことになった。

なお、アジア主義は本来、アジアの諸民族が団結して欧米に対抗しようとする思想だが、日本の場合は自国がアジア全体を主導すべしとする、大東亜共栄圏のような復古的イデオロギーとの親和性が強かった。

こうしたなかで、2008年春、チベット騒乱と北京五輪聖火リレー妨害事件（いずれも第1章参照）が起きる。同年4月26日に長野市内で起きた聖火リレー事件では、チベットを支持して集まった一般の日本人のネットユーザーや一部の右派系市民団体と、中国大使館などが動員した在日中国人が数千人規模で衝突して大混乱になった。

この事件は、多くの日本企業が北京五輪のスポンサーに名を連ねていた関係からか、日本国内の主要局ではあまり大きく扱われなかった（地方局のなかには詳しく報じた例もある）。いっぽう、低調な報道に反発した抗議参加者による現場の体験談や画像・動画がネットに盛んにアップされたことで、事件は「2ちゃんねる」や「mixi」など、当時の主要なネットコミュニティの内部ではかなり有名になる。

話題がネットを中心に拡散した結果、中国の少数民族問題は、排外主義的なネット右翼の注目を集めた。事件の現場では、抗議者らによってチベット亡命政府旗のほかに東トルキスタン共和国旗の藍白色星月旗も掲げられており、これを機にウイグル問題が一部の日本人のあいだで認知されるようにもなった。

やがて、ネット右翼や保守系の新宗教団体などが「反中国」の象徴としてウイグル問題に関心を持つという、天安門事件や台湾問題などともよく似た構図が生まれていく。

ダライ・ラマ14世が非暴力不服従を訴えているチベットと比べて、より戦闘的なイメージが強く日本の右派系勢力ともながらく関係があったウイグルのほうが、「反中国」の材料としては使いやすかったのだろう。SNSなどで、アイコンを旭日旗に設定したネット右翼系のアカウントが、日本国内のマイノリティ（アイヌや沖縄、在日コリアンなど）にヘイトスピーチをおこないつつ、ウイグル問題の解決を訴えるという奇妙な光景も、この時期を境に増えていった。

いっぽうで在日ウイグル人民族主義者の一部も、こうしたネット右翼勢力や新宗教団体と接近して関係を築いていく。

ネット右翼系の組織では、とりわけ衛星放送局（当時）の「日本文化チャンネル桜」（政治団体は「頑張れ日本！全国行動委員会」）がウイグル支援に熱心で、デモや集会をしばしば組織的に支援した。チャンネル桜や新宗教団体の支援活動は、「反中国」の主張に好都合であればデマや陰謀論に近い情報でも無批判に拡散をおこなったり、デモや集会の現場で差別的な演説やスローガンがしばしば飛び出したりと、問題も多かった。

だが、近年の日本の保守派に強い影響力を持つ彼らの支援活動は、いっぽうで大きな「成果」を挙げる。

2012年2月に安倍晋三（当時は野党）を顧問に据えた日本ウイグル国会議員連盟を発足させたり、同年5月に在外ウイグル民族運動の中心組織である世界ウイグル会議の第4回大会を東京に誘致し、その支援組織に平沼赳夫らを参加させたりと、保守層の政治家を盛んに動かすことに成功したためだ（ただし、日本側の支援者らは世界ウイグル会議の大会後に指導者のラビア・カーディルを靖国神社に昇殿参拝させるなど、ウイグル族の文化やイスラム信仰に対する配慮を示す姿勢には欠けていた)。

なお、2020年代以降はウイグル問題が国際化したことで、立憲民主党など一部のリベラル政党も中国批判をおこなうようになった。加えてチャンネル桜の没落によって保守系団体の主流が変化したり、さまざまな事情から複数の新宗教団体が勢いを失ったりしたことで、近年のネット右翼は以前ほどはウイグル問題に興味を示さなくなっている。いっぽう、問題の深刻化によって在日ウイグル人の民族運動組織もやや変質し、以前よりもウイグル人を主体とする形で活動をおこなっているようだ。

ただ、ながらく築かれた日本の政治中枢との関係は健在である。

2020年7月には日本ウイグル協会が安倍晋三首相(当時)に感謝状を送り、翌年9月の自民党総裁選期間中には岸田文雄政調会長(当時)が協会関係者と面会している。とりわけ岸田については、ハト派の宏池会出身の彼が総裁選レースのなかで党内右派へのアピールをすこしでも増やすため、「岩盤保守層」に受けのいい在日ウイグル人組織と接触してみせたようにも見える。

2023年の英利アルフィヤの当選も、彼女が海外にルーツを持つとはいえウイグル系の日本人だったことが、保守的な自民党内で公認候補者を決定する段階で、一定程度はプラスに働いたと考えるのが自然である（ただし、英利本人は「岩盤保守層」とは距離を置いているようだ）。

近年、欧米各国で新疆の人権問題批判が高まるなか、菅・岸田歴代政権は日本の外交としてはめずらしいほど迅速に歩調を合わせることができた。その背景についても、自民党内部でウイグル問題がかねてから認知されていたことと無縁ではない。

中国国内では政治参加の権利どころか基本的人権の保障さえも危機に瀕しているウイグル族が、なぜか日本では自民党中枢部へのロビイスト活動に成功しているのは、現代の奇観である。

図３－５　**日本国内のウイグル人らによる北京冬季五輪反対デモ**　背後にはチベットの雪山獅子旗も見える。2021年10月２日、東京都内で筆者撮影

「新冷戦」のカードにされる

いっぽう、近年の西側諸国においてウ

イグル問題が急速に争点化した背景にも、別種の「政治」の匂いが漂う。

ウイグル族の人権状況は、習近平体制下で極度に悪化したものの、問題自体ははるか以前から存在している。本質的には「慢性疾患」のような話であるはずなのだ。

在外ウイグル人の民族運動組織は1990年代からドイツやアメリカに拠点を置いて活動しており、西側主要国の政府や主要メディアがこの問題をまったく知らなかったはずもない。実態としては、一連の「テロとの戦い」や欧州各国における中東系移民に対する反発、好調な中国経済への期待といった事情から、欧米諸国は新疆の状況を察しつつも見て見ぬふりをしてきたとみるほうが正確だろう。仮にウイグル族がキリスト教徒であれば、もっと早い時期に関心が持たれていたはずだ。

そうでありながら、近年になりウイグル問題が急速に国際問題化した理由は、2018年ごろから進んだ中国とアメリカの外交関係の悪化にある。かつてのバブル期のジャパン・バッシングと同じく、アメリカは台頭する中国を露骨に警戒するようになり、ファーウェイなどの中国企業の先進国市場からの締め出しや、中国国内の人権問題や監視社会化を声高に指摘することで、圧力をかける戦略を取るようになった。

加えて、2019年以降の香港問題や新型コロナウイルスの流行のなかで、中国の強権体制や隠蔽体質が欧米各国の世論レベルでも知られたこと、中国外交部が開き直るかのように西側批判を強めたこと（戦狼《せんろう》外交）、中国の西側諸国に対する政治工作や秘密警察（海外派出所）の進出が明るみに出たこと、経済発展よりも「国家安全」を重視する習近平体制下で外資企業の活動が制約を受け、コロナ後の中国経済の不振によって中国ビジネスのうまみが減ったことなども、西側諸国の姿勢に影響を与えている。

これらの結果、コロナ禍前までは対中好感度が高かった欧州各国やカナダ、オーストラリアなどでも対中感情が大幅に悪化し、アメリカに同調する動きが強まった。西側陣営と中国が「新冷戦」状態に陥ったことで、ウイグル問題は中国を揺さぶるツールのひとつとして急速に脚光を浴びることになる。

２０２０年からは、アメリカのトランプ政権（第1次）が「ジェノサイド」というインパクトの強い単語を使いはじめた。また、中国が新疆に設置した再教育センターについても、欧米メディアは往年のユダヤ人の収容施設を想起させる「concentration camp（強制収容所）」という単語を用いて報じたため、ナチスの記憶を持つ西側諸国ではいっそう強い嫌悪感が広がった。これらの結果として起きたのが、国際経済や国際政治の場での西側と中国との激しいせめぎあいだ。

新疆で生産されるコットン（新疆綿）の生産過程でウイグル族が強制労働に従事させられた可能性があるとして、ナイキやH＆Mなどの西側のスポーツ用品企業やアパレル企業が新疆綿の使用中止を発表する動きも起きた。対して、中国の世論が反発してボイコット運動を起こし、これらの企業を攻撃する動きも起きた（余談ながら、第2章「回族」や第7章「チワン族」で登場しているアンタやリーニンなどの中国系スポーツ用品メーカーは、こうした愛国主義的風潮を背景にして売上を伸ばした）。

やがて2021年秋の国連人権委員会や総会では、英米仏日など最大50ヵ国が新疆における人権侵害への懸念を示す共同声明に賛成する。いっぽう、中国のほかロシアや北朝鮮、さらにグローバルサウス諸国などからなる60ヵ国以上は「人権を口実にした内政干渉」であるとしてこれに反発し、新疆の人権問題は米中冷戦を象徴する泥仕合の様相を呈した。

皮肉なことに、中国の友好国であるパキスタンをはじめ、強権的な政治体制を持つイスラム諸国の多くはこの共同声明に反対を示している（さらに言えば、ウクライナやイスラエルが共同声明に賛成したいっぽう、パレスチナは中国を支持する立場だった）。

だが、2022年になると、ウイグル問題はややネタ切れの様相を呈し、アメリカの対中圧力政策の主要なトピックは「台湾有事」言説にスライドする。翌年秋にガザ危機が発生して国際社会の関心が移り、西側諸国の多くがイスラエルに一定の忖度を示した外交姿勢を採用すると、ウイグル問題はさらに争点にならなくなった。政治的な理由で脚光を浴びた問題は、政治的価値が薄くなれば忘れ去られてしまうのだ。

強者に利用され続ける悲劇

中華人民共和国の成立とともに作り出された「ウイグル族」という民族集団は、つねに他者に利用され続けてきた。

中国共産党からは、その文化や宗教を奪われて「中華民族の同胞」になることを受け入れるか、収容所に入るかの踏み絵を迫られる。たとえ故郷を捨てて亡命しても、中東の過激派からは弾除け役にされ、中国の在外スパイ組織からは（先に挙げた例はカザフ族だが）鉄砲玉として使われる。

そして日本でも、ネット右翼から「反中国」のアイコンとして雑に消費され、自民党からは岩盤保守層を固める政策カードのひとつとして扱われる。アメリカをはじめとした西側諸国からは、それまで無視されていたのにチャイナ・バッシングの材料に使えるとなれば注目され、国際情勢が変われば再び忘れられる——。

やや似た境遇にあるチベット族は、ダライ・ラマ14世という前近代以来の宗教的権威を持つ巨大な支柱が存在し、欧米社会からも受けがいい。加えて、チベット仏教のソフトパワーが国際的に一定の支持を得ていることで、チベットは国土こそ失っているものの、すくなくとも中国国外では自分たちの文化や宗教を維持できている。ときには他者に利用されることもあるが、ある程度は主体的な意思決定ができる立場だ。

いっぽうでウイグル族の場合、中国支配を受けてから民族のまとまりが形成されたことや、在外ウイグル人の受け皿となる存在の不在（世界ウイグル会議は弱い組織である）、西側諸国を惹きつけるソフトパワーの弱さなどの面で条件に恵まれていない。

イスラム教がネックとなって欧米諸国からは敬遠されがちないっぽう、イスラム圏の側から見れば東の辺境に位置することで、中東のムスリムからもあまり関心を持たれていない。これは悲惨としか言いようがない。

中国が閉鎖性をいっそう高める昨今、大陸の最深部で進行する少数民族問題は、確実な裏取りができる情報を探すことすら難しい。調べれば調べるほど、出口のない閉塞感を覚えさせるのがウイグル問題なのである。

第4章　朝鮮族――中国・韓国・北朝鮮のあいだのダイナミズム

人口流出

日本ではあまり知られていないが、中国のほとんどの少数民族は、実は人口が増加している。厳しい抑圧が伝えられるウイグル族やチベット族も、人口のうえでは20年前と比べてそれぞれ8％ほど増えた（これは中国政府によって「当局が少数民族を弾圧していない」根拠として持ち出されることも多い）。

ところが、人口100万人以上の主要な少数民族のなかで、目立って人口が減少している人たちがいる。それが朝鮮族だ。彼らは2000年は約192万人いたのが、2020年には約170万人と、11％以上も人口が減ってしまった（ほかに人口1000万人台の満族も20万人ほど減っているが、減少率は2・4％程度だ）。

図４－１　**吉林省延辺朝鮮族自治州図們市の中朝国境**　川の向こうは北朝鮮である。2007年８月11日、筆者撮影

朝鮮族は高学歴者が比較的多い。そのため、ホワイトカラーの出生率の低下や結婚難なども多少は人口減少と関係があるだろう。だが、より明確な理由もある。

それは海外への人口流出だ。朝鮮族はなんと、人口のうち３分の１以上の人たちが海外で暮らしているという、中国ではほかに例をみない少数民族なのである。

なかでも、彼らと同じ言葉を話す韓国への移住が顕著に多い。

２０２２年末時点での韓国出入国管理局の統計によれば、約85万人の在韓中国人のうち、朝鮮族は約60万人に及ぶ。これは中国国内で朝鮮族がもっとも多く住む地域である、吉林省東部の延辺朝鮮族自治州の朝鮮族人口を上回る数字だ。また、すでに韓国に帰化した朝鮮族も30万人弱にのぼる。

ほか、日本国内に約84・4万人（2024年6月）いる在日中国人のなかにも、朝鮮族はおそらく万単位で存在する。10万人いる、とする韓国側の情報も見つかるほどだ。明確な統計は存在しないとはいえ、在日中国人のうち1割程度は朝鮮族である可能性がある。首都圏で中国東北料理を出している「ガチ中華」店が、延辺などの朝鮮族系の地名を冠している例も多々見られる。

海外に出た朝鮮族には、帰化により中国籍から外れる人も多い。また、出稼ぎ歴が長い人が家族を呼び寄せたり、若い女性がさかんに出国したりしたことで、中国国内の朝鮮族コミュニティの若年層（特に女性）が減少し、出生率の低下も招いている。人口減少の理由は明らかだろう。特に中国農村部の朝鮮族集落における過疎化と高齢化はいちじるしい。

現在、朝鮮族の人口は中国の56民族のうちで16番目に位置しており、中国の東北部ではそれなりに存在感がある。

ただ、目下のペースで人口が減り続ければ、遠くない未来に100万人を割り込み、少数民族のなかでもマイナーな存在に転落しかねない。朝鮮族はウイグル族やチベット族とは別の意味で、コミュニティの存続がおびやかされつつある存在なのだ。

海外最大の朝鮮民族の集団

朝鮮族は、言うまでもなく韓国・朝鮮系の人々だ。

朝鮮民族は現在、韓国と北朝鮮というふたつの国民国家を持つが、そのほかにも近代の歴史的経緯から、近隣各国に大規模な移民のコミュニティが存在する。すなわち、約28万人いる日本の在日コリアン（特別永住者）や、旧ソ連圏に約50万人が住む高麗人《コリョサラム》、さらに在米コリアンなどが広く知られているが、中国の「少数民族」である朝鮮族はそれらのなかでも最多の人口規模を誇っている。

朝鮮族の言語は朝鮮語で、書き言葉はハングル（チョソングル）を使う。ただ、歴史的経緯から北朝鮮の標準語（文化語）を規範としていたところに、中韓の国交が結ばれた1992年以降は韓国語の語彙が大量に流入し、さらに「工人《コンイン》」（北朝鮮では「労動《ロドン》者《ジャ》」）など中国語の漢字をそのまま朝鮮音で読んだ語彙も多く含まれているため、私たちが日本で学ぶ標準的な韓国語とはやや違っている。

いっぽう、現在の朝鮮族は中国国家への帰属意識が強い人も多く、教育熱心な気風から中国語の習熟度も高い。そのため、漢族の目線からは少数民族の「優等生」としてみ

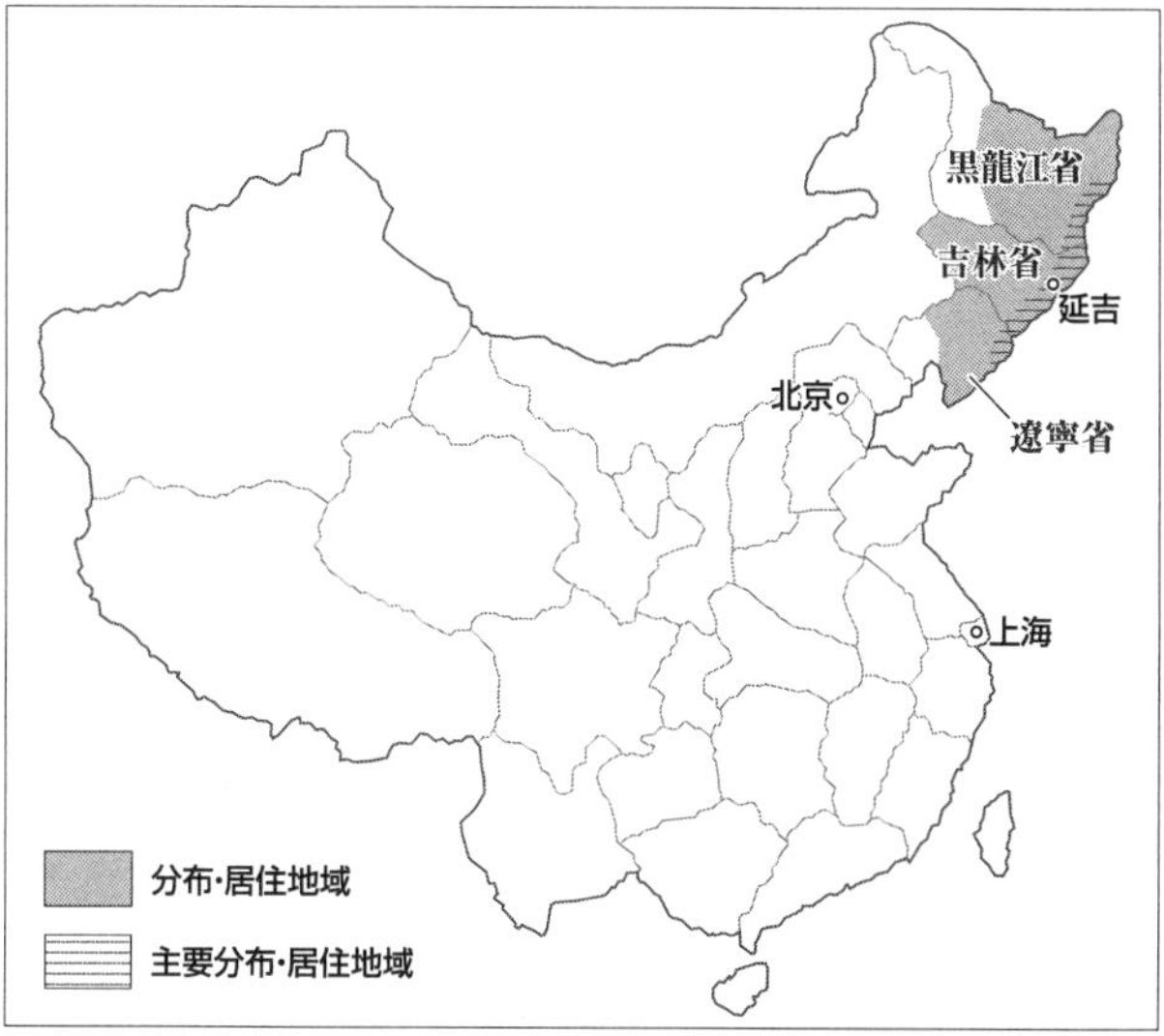

図4－2　**朝鮮族の分布**　『中国少数民族事典』をもとに作成

られがちである。加えて朝鮮語と文法が近い日本語の学習熱も高く、高学歴層は朝・中・日のトリリンガルがめずらしくない。なかには2023年2月まで駐日中国大使を務めた孔鉉佑など、体制内で出世した人もいる。

朝鮮族が多く住むのは、中国東北部（旧満洲）の北朝鮮との国境付近だ。先述した延辺朝鮮族自治州の州都である延吉《イエンジィ》市が最大都市である。現在は朝鮮族が州人口に占める割合は3割程度とはいえ、韓国と北朝鮮を除く朝鮮民族の集住地としては世界でもっとも大きい。筆者は200

図４－３　ハングル（チョソングル）の看板も多かった往年の延吉市内
2007年８月９日、筆者撮影

7年の夏、中朝国境を北の延辺の琿《フン》春《チュン》市から最南端の遼寧省丹東《ダンドン》市までずっと見て歩いたことがあるが、特に延吉市は中国の都市とは思えないほどハングルだらけだった記憶がある（現在は漢字のみの看板も増えたようだが）。

朝鮮族は、吉林省に住む人は朝鮮半島の咸鏡道《ハンギョンド》、遼寧省に住む人は平安《ピョンアン》道《ド》と、それぞれ国境のすぐ隣の地域の出身者が多いが、大日本帝国時代の移住政策ゆえか半島南東部の慶尚道《キョンサンド》にルーツを持つ人もいる。

そのため、隣の北朝鮮のみならず韓国に親戚がいる人も多い。ほか、瀋陽や大連、長春、ハルビンなど東北部の主要各都市はもちろん、北京や上海・深圳などの大都市に移り住んだ朝鮮族もすくなからずいる。

なかでも瀋陽市内の西塔《シータァ》地区には巨大な朝鮮族タウンが広がっており、延吉市内と同じくハングルの看板が目立つ。ちなみに、この地区は北朝鮮人が働く北朝鮮資本のレストランが多いほか、やや離れた場所に同じく北朝鮮資本の七宝山《チルボサン》ホテルがあり、気軽に北朝鮮を体験できるスポットでもある（むかし、実際に宿泊してみたことがあるが、売店で北朝鮮の土産物やDVDが売られており非常に面白かった）。

朝鮮半島と中国の往来

中国と北朝鮮の国境は、ひとつの山とそこから流れ出す2本の河川で分けられている。すなわち、朝鮮民族の聖地とされる白頭山《ペクトゥサン》（中国側では長白山《チャンバイシャン》）と、南方向に流れて西朝鮮湾《チョソンマン》に注ぐ鴨緑江《アムノッガン》、北方向に流れてロシア国境から日本海に注ぐ豆満江《トゥマンガン》（同、図們《トゥメン》江《ジャン》）だ。

これはマンチュリア（満洲）と朝鮮文化圏の歴史的な境界線でもあるのだが、越境する人たちは昔から大勢いた。過去の高句麗《こうくり》やその遺民が多かった渤海《ぼっかい》など、北朝鮮からマンチュリアに広がっていた朝鮮史上の王朝も存在する。

ただ、現代中国の少数民族である朝鮮族と直接つながる人々の歴史は、意外と浅い。

1860年代に朝鮮半島で飢饉や民衆反乱（壬戌民乱《インスン》）が起きたことと、この時期から清朝がロシアの圧力を受けてマンチュリアへの立ち入りを緩める政策を取ったことで、朝鮮半島から大陸側への移住者が大量に出たのだ。さらに日本が朝鮮を植民地化した際にも、日本支配を嫌った多数の朝鮮系難民が中国側に脱出した。

また1932年に満洲国が成立した後は、日本が国策として朝鮮農民の満洲入植を進めた。一連の経緯のなかで、朝鮮系住民は国境地域のみならず満洲全体に広がり、彼らの子孫が現在の朝鮮族につながることになる。

特に朝鮮系住民が多かったのは、朝鮮半島から豆満江を挟んだ隣に広がる間島《カンド》地域だ。満洲国の行政区画でいう間島省、現在の延辺朝鮮族自治州である。1945年の満洲国の崩壊直前、この地域には63・5万人の朝鮮人が暮らし、域内人口の73％を占めていた。

いっぽう、間島は長年にわたって朝鮮人の抗日運動の拠点でもあり、後に北朝鮮を建国する金日成《キムイルソン》もこの地域でパルチザン活動に参加している。当時はコミンテルンが一国一党主義をとっていたため、金日成は中国共産党に入党し、東北抗日聯軍の幹部として頭角をあらわした。

満洲国の崩壊後、中国東北部には中国共産党の影響力が強まる。共産党は朝鮮系住民にも公平に土地を分配する政策をとったことで、彼らのあいだでは国民党よりも人気が高かった。

また、日中戦争時代から、有志のあいだで結成された朝鮮義勇軍が、人民解放軍の前身である八路軍に加わっていた。そのため、この朝鮮系部隊は中国の国共内戦にも参加しており、一部は長江を渡って中国南部まで展開している（朝鮮義勇軍はその後、１９４９年に金日成の要請で北朝鮮に「帰国」し、朝鮮人民軍に組み込まれて朝鮮戦争を戦った）。

また、朝鮮戦争の際に中国は北朝鮮を支持し、中国人民志願軍の名目で総勢１００万人以上の援軍を送ったが、こちらにも朝鮮系住民の若者が多数加わって活躍した。

いっぽう、中国共産党の支配が安定しはじめると、満洲の朝鮮系住民が「在中朝鮮人」なのか「中国国民」なのか、さらに当時は朝鮮系住民が７割以上を占めていた間島地域をどう処遇するべきかという問題が争点になった。

満洲国崩壊、国共内戦へ

そのため、1949年1月に中国共産党東北局が地域の朝鮮人名士を招聘して座談会を開催する。席上では間島地域を丸ごと北朝鮮に帰属させるべきだとする意見も出たが、最終的に同地域を中国領として民族区域自治に従う方針に落ち着いた。

結果、延辺朝鮮族自治区（3年後に自治州に変更）が成立し、朝鮮系住民の多くは少数民族「朝鮮族」の中国人とされた。

ただ、例によって民族の線引きは曖昧だった。中華人民共和国の建国前から中国領内に居住していて家族や仕事などを持つ人は朝鮮族とされたいっぽう、建国後に移住した人は北朝鮮籍の在中朝鮮人（朝僑《チャオチャオ》）、さらに両国に家族が分かれている人はケース・バイ・ケースで判断する（本人の希望次第の場合もある）……。と、大雑把な分け方がなされたのである。

当時の朝鮮系住民にとっても、中朝国境はそれほど大きな分断ではなかった。

もともと満洲国時代まではもっと自由に往来できた土地だけに、その後も1960年代初頭まで、朝僑や朝鮮族は国境をかなり気軽に越えていた。中国と北朝鮮は社会主義の同盟国同士だったため、当時の中国側は国境付近の朝鮮系住民の渡航手続きを簡素化して、地元の公安局の許可証のみで北朝鮮に行ける処置も採用していた（現在でも雲南省のミャンマー国境地帯などでは似た処置が存在する）。

それどころか、許可証すら持たない密入国も、当時はさほど重いおとがめはなかったという。

「逆脱北」する朝鮮族

いっぽうで北朝鮮当局は、中国の朝僑や朝鮮族に対して「祖国」の経済建設への参加を呼びかけた。当時の在日朝鮮人に対する帰還事業と同様の動きだ。

戦後の朝鮮族について研究する鄭《チョン》雅英《アヨン》の論文で引用された中国共産党の史料『内部参考』２７２４期によると、１９５９年に北朝鮮への帰還を選んだ人たちの動機は以下のようなものだったという。


人民公社での労働が辛い／（中国には）自由がない／朝鮮は祖国だ／親戚が朝鮮にいて一緒に暮らしたい／農民になるのが嫌で朝鮮に行って工場労働者になりたい／朝鮮に行って嫁をもらい結婚しようと思う／借金があり、この機会に脱出したい／人民公社での投資を回収し、投機で巨利を得るつもりだ／朝鮮に行けば重用されるはずだ／ある右派分子と問題がある幹部たちは、過去を清算し国籍を変えたがっている。

（鄭雅英「中国朝鮮族の1960年代」『經濟學雜誌』123〔2〕）

隣の芝生は青く見えるということだろう。

もっとも、当時は万単位の人々が移住を選んだにもかかわらず、彼らはいざ北朝鮮に行ってみると中国以上に不便かつ閉鎖的な環境であることがわかり、多くがやがて中国に戻ったという。陸続きで国境管理も厳重ではなかったことから、問題が判明してすぐに元の居住国に帰れた点は、同じく帰還事業に応じた在日朝鮮人との大きな違いだ。

だが、その後に1960年代になると、中国の大躍進政策の失敗で深刻な食糧不足が発生したことで、食べるために北朝鮮に逃げ込む朝鮮族が増加する。

華東師範大学教授の沈志華《シェンヂーホァ》の著書によると、1961年1月から翌年5月までに吉林省・遼寧省から北朝鮮に密入国を図った人数は判明しただけで7万人以上にのぼり、村や一族が丸ごと越境する例も多かったという。中朝国境の河川は冬や春は水量がすくなく、水の冷たささえ我慢すれば徒歩でも簡単に河を越えられたのだ。

現在、北朝鮮人が中国側に逃げ込んでいるのとはあべこべの「逆脱北」である。

この時期の逆脱北ブームは「チョソンパラム」（朝鮮の風）と呼ばれた。はじめは夜中にこっそり渡っていたものの、あまりにも人数が多いため、やがて棍棒で国境警備隊員を威嚇しながら白昼堂々と集団越境するようになったと伝えられている。

ただ、現場では国境警備上のトラブルのほか、水死や凍死・遭難死なども多数発生した。さらに大量の逆脱北者が中国側の金銭や物品を持ち出したことで、延辺の生産人口が激減して経済がいっそう低調になり、国境貿易や外貨コントロールも混乱する。いっぽう、渡航後に北朝鮮に失望して中国に帰りたがる人も多かったため、騒動にいっそう拍車がかかった。

中朝両国ともに事態を問題視したことで、1962年からは国境管理が厳格化された。結果、チョソンパラムはひとまず収束したという。

その後、文化大革命がはじまると延辺では朝鮮族の幹部が「民族主義的」だとして同じ朝鮮族からも批判され、さらに朝鮮族も多く参加する造反派同士の武力闘争が頻発するなど大混乱が起きた。この時期は中朝両国の関係が悪化していたため、北朝鮮のスパイとして吊るし上げられた人もいた。

いっぽう、相次ぐ戦争と社会混乱に直面しつつも、北朝鮮の現実が判明して「逃げ場」にはできないことがわかると、朝鮮族のあいだでは、自分たちが中国人として中国国家に帰属する以外に道はないという認識が広がった。

もうひとつの朝鮮民族の国である韓国も、中国と国交がなく渡航や交流の手段がごく限られていたため、1970年代までは朝鮮族の社会における存在感はほとんどなかった。

韓国移住というコリアン・ドリーム

だが、やがて韓国の位置づけは大きく変わる。

1988年のソウルオリンピックを機に、韓国の経済的成功が中国の朝鮮族にも伝わったのだ。また、往年の軍事独裁政権からの転換を図る韓国は、1988年に盧泰愚《ノテウ》政権が「世界各国の同胞」の韓国訪問を歓迎する方針を打ち出し、中国籍の朝鮮族の渡航を大幅に簡略化した。

貧しかった朝鮮族の日の前に、言葉を同じくする「同胞」の豊かな国家が突如として出現したのである。1992年の中韓国交樹立当時、韓国の一人あたりGDPは中国の約2・7倍であり、中国東北部の地方都市とソウルとの経済格差はさらに大きかった。

結果、朝鮮族が大挙して韓国に押し寄せる。１９８７年には年間２００人程度だった韓国渡航は、１９９６年には30万人を超えた。韓国に向かう人々の最大の動機は出稼ぎであり、このラッシュは「コリアン・ドリーム」と呼ばれた。

親族訪問で韓国に行った人が、ビザの有効期限を過ぎても帰国せず不法滞在者になったり、ブローカー経由で韓国に密入国したりして働く例もしばしば見られた。ほか、朝鮮族女性の韓国人男性への嫁入り（結婚移民者）も目立った。

古い数字ながら、２００３年までに韓国人と結婚した女性だけでも約６万人に達したとされる。近年の韓国ではベトナムからの結婚移民者が中国を上回っているが、過去の朝鮮族の結婚移民者は10万人を超えている模様だ。

こうした動きを受けて、韓国側は中国籍の渡航者の受け入れを厳格化させたが、朝鮮族の流入は続いた。中国では１９９０年代後半から国有企業改革が進み、重工業系の国有企業が多かった東北部は不況に陥っていたのだ。

やがて韓国経済が１９９７年のアジア通貨危機で大ダメージを受けると、当時の金大《キムデ》中《ジュン》政権は在外同胞の助けを得ることで経済を立て直そうと、外国人労働者（多くは朝鮮族）の受け入れ体制を進めた。

高度経済成長を終えた韓国の社会も、朝鮮族の労働力を必要としていた。工場や建設現場などの重労働や、飲食店員など、国内の労働者が敬遠したがる「3D職種《サムディーチクチョン》」（日本でいう3K労働）の現場で、朝鮮族の出稼ぎ労働者が人手不足を埋めることになったのだ。

当時の韓国における朝鮮族労働者と、バブル後の日本における日系ブラジル人や中国人・ベトナム人などの外国人労働者との大きな違いは、韓国人と朝鮮族は「言葉がほぼ完全に通じた」ことである。

そのため、朝鮮族労働者は介護職や家事ヘルパーなどコミュニケーション能力が必要な仕事にも適性が高かった。特に家事ヘルパーは、現在の韓国の大都市部ではほとんど朝鮮族の中高年女性で占められているという。

大東文化大学経済学部教授の高安雄一が2018年に発表した論文によると、韓国国内に52・1万人（当時）いる朝鮮族のうち、就業者は37・8万人となっている（人口総数と就業者人口にズレがあるのは、朝鮮族労働者が韓国に家族を呼び寄せる例があるためだ）。

これらの就業者のうち、約30％が鉱工業で働き、さらに建設業が約23％と、近年でも約半数が厳しい肉体労働に従事している。いっぽう、言葉（朝鮮語）が通じることからサービス業への就業率も高い。

韓国において、法定最低賃金（当時）で1ヵ月働いた場合の月収は155万ウォン（約17万円）程度だが、調査によれば朝鮮族労働者の約30％が月収100万〜200万ウォン、さらに約54％が月収200万〜300万ウォンとされている。近年でもかなりの人たちが韓国社会の内部で低収入状態にあることがわかるが、以前はいっそう厳しい環境にあったことは想像に難くない。

ちなみに在韓朝鮮族の約8割は、雇用が多いソウル市と仁川《インチョン》市、京畿道《キョンギド》という、いわゆるソウル首都圏に集中して住んでいる。

韓国で差別の対象に

いっぽう、見逃せないのが「差別」の問題だ。

韓国における朝鮮族は貧しい出稼ぎ労働者のイメージが強い。また、知的労働を重視する儒教文化の影響から、朝鮮族の就業が多い肉体労働や接客業は「賤しい」仕事であるとみなされる風潮が根強い。

加えて韓国社会はもともと日本以上に同質性が高いため、会話自体は成立するもののアクセントや語彙が異なる言葉を話す朝鮮族は、違和感を持たれがちだ。

子どもに「朝鮮族なまり」が移ることを嫌がって朝鮮族の家事ヘルパーを敬遠する親がいるなど、小さな違いゆえの露骨な差別感情が示されることは多い。職場において、自分たちを見下した態度をとる韓国人の同僚に不満を漏らす朝鮮族の声は、各種の調査や韓国国内の報道でも確認できる。

ちなみに、韓国社会の内部にいる「言葉が通じる異邦人」はほかに脱北者もいる。ただ、彼らは人口のうえでは3万人ほどにすぎず、韓国の一般市民は自分から接触しない限りは脱北者と関わる機会はあまりない。日常生活のなかで接点が多く、そのうえで違和感を抱く対象になりえるのは朝鮮族なのだ。

また、かつて不法滞在者が多かったイメージのためか、朝鮮族を犯罪と結びつけるような偏見も根強い。

韓国で暮らす博打好きのタクシー運転手の朝鮮族男性が朝鮮族マフィアに追われるストーリーのサスペンス映画『哀しき獣』（2010年）や、朝鮮族を臓器売買集団のように描いたアクション・コメディ映画『ミッドナイト・ランナー』（2017年）、同じく朝鮮族の粗暴なマフィアが登場する『犯罪都市』（2017年）など、日本語で視聴できる人気韓流映画でも、朝鮮族は犯罪者としてしばしば描写される。韓国国内のバラエティ番組で、朝鮮族を「貧乏」「犯罪」のイメージでネタにしたジョークが流れることもあるようだ。

差別感情は韓国語版Wikipediaの「朝鮮族」の項目からも垣間見える。朝鮮族女性が韓国で大量に売春に従事しているといった記述のほか、10年以上前の朝鮮族の凶悪犯罪がわざわざ記されているなど、日本語版や中国語版には見られない悪意がうっすらと漂っているのだ。

韓国国内で凶悪犯罪が起きた際に、犯人やその関係者が朝鮮族であるという噂がネット上で流れたり、朝鮮族が地方選挙の外国人参政権（永住権取得から3年後に認められる）を持つことに反発が起きたりする例も報じられている。

日本のネット右翼が在日コリアンやクルド人を叩くのと似た構図が、韓国国内にも存在するのだ。

中・朝・韓の写し鏡？

対して朝鮮族の側も、韓国社会に対する感情は複雑だ。

朝鮮族は中国国内では清潔で勤勉なイメージを持たれており、また漢族以上に儒教観念が強いことや教育水準が高いことから、彼ら自身も自分たちを「文化的」だと考える傾向が強い。だが、移住先の韓国では「汚い」「貧しい」「犯罪」といったイメージを押し付けられてしまう。

朝鮮族系の店舗が多いソウルの大林洞《テリムドン》付近は、ハングルではなく漢字（中国大陸の簡体字）の看板が目立ち、朝鮮語を母語にする人たちが住んでいるのにチャイナタウンのようになっているという。朝鮮族は韓国に来た後も中国に対するアイデンティティが強い傾向があるが、その一因は、自分たちが韓国人から「同胞」として扱われていないことを痛感しているからでもある。

韓国在住ライターの菅野朋子の記事によると、韓国では在米コリアンや在日コリアンについては「在米同胞」や「在日同胞」と呼ぶいっぽう、朝鮮族の呼称だけは「在中同胞」ではなく「朝鮮族」であり、当事者からも不満の声が出ているという。１９８８年に渡航がオープンになった当時は「在中同胞」という単語も使われていたものの、現在の韓国の一般市民のあいだでは、朝鮮族は呼称のうえでも同胞という意識を持たれていないのだ。

いっぽう、近年は在韓朝鮮族の社会もすでに2世〜3世の時代に入りつつある。朝鮮族の成功者も出ており、韓国社会にすっかり溶け込んだ人もいる。また、近年の在日中国人留学生と同じく、すでに経済発展を遂げた中国から韓国に来る最近の朝鮮族の若者には、往年のような出稼ぎ目的ではなく「自分探し」的なゆるい動機の人も増えているという。差別や偏見の構造は色濃いとはいえ、徐々に薄れてきているのも事実である。

いっぽう、朝鮮族の故郷である延辺でも、韓国への思いは愛憎が入り混じる。出稼ぎ者からの送金で潤った面もあるいっぽう、地域の女性や労働力をごっそり持っていかれたことで、男性の結婚難や朝鮮族経済の地盤沈下、留守児童（出稼ぎに行った両親に取り残された子ども）問題、少子高齢化などの問題が続出。社会が不活発になった実感が広がっているためだ。

朝鮮族の数が減ったことで、地域内では漢族と朝鮮族の人口比率が逆転し、「朝鮮族自治州」にもかかわらず漢族が約7割に達した。朝鮮族のあいだでは、言語や文化の面で漢化が進むことへの不満も大きい。

２０２０年には習近平体制下での愛国教育の影響で、朝鮮族向けの学校で一部の教科書を朝鮮語から中国語に変更する動きも出た。朝鮮族はこの政策に反発しているが、教育の中国語化は彼らの人口減少による影響もあるはずだろう。

通常、日本の報道に登場する朝鮮族は、脱北者の最初の受け入れ先としてわずかに言及されるだけの、いわば脇役的な存在だ。そもそも中国国内に朝鮮系住民のコミュニティがあること自体を知らない日本人も多い。

だが、中国のみならず北朝鮮や韓国の国内事情にも翻弄され、自分たちがこの3国家のどれを選ぶかをつねに悩みながら厳しい現実に直面してきた朝鮮族の歴史は、かなりダイナミックだ。

彼らは民族問題や独立運動などのニュースではほとんど登場せず、一見すると目立たない。だが、東アジアの3ヵ国の歴史の写し鏡のような興味深い存在なのである。

第5章　満族――「旧支配層」の苦難多き近代史

スターリンの基準から外れた民族

中国の少数民族は、1950年代からおこなわれた民族識別工作という政府事業によって分類と定義がなされている。

当時の中国はソ連の強い影響下にあったため、民族を識別する基準も、かつてスターリンが提唱した①共通の地域、②言語、③経済生活、④文化・心理的要素という四つの条件をふまえて決められていた。

もっとも、実際は条件に合致していない場合も多いことは、第2章「回族」でもみた通りである。中国の少数民族の区分は、当局が漢族以外の人々を統治するため、行政上の必要から作った識別の枠組みとしての性質も強いのだ。

本章で紹介する満族も、上記のスターリンの基準からは外れた「民族」である。彼らはいまや固有の言語である満洲語をほぼ失い、地域や経済圏も漢族と混ざり合っている。だが、「文化・心理的要素」という一点を理由に、ひとつの民族ということになっている。

そもそも、現代中国で「満族」と呼ばれる人たちは、かつてマンチュリア（中国東北部）に拠点を置いて清朝を建国した「満洲族」と、完全に同一の存在ではないことにも注意が必要だ。

満族については、清代に旗人《きじん》と呼ばれた社会階層の人たちの末裔が、現体制下では「民族」とされている、という説明がより正確である。旗人は清の軍事行政システムだった「八旗《はっき》制」の構成員で、いわば江戸幕府における旗本のような立場だ。

旗人はあくまでも社会階層なので、もちろん満洲族が中心ではあるものの、民族的に同一の集団ではない。ゆえに、現在は満族と呼ばれている旗人の末裔たちのなかには、血統や文化的なルーツのうえでは漢民族など他の民族にあたる人たちも多く含まれている。

ただし、そうした満洲族以外の旗人たちも、かつて清朝の体制内に長年いたことで

「満化」してきた。そのため、中国社会の内部では、他の一般の漢民族とは違うアイデンティティを持つ集団になった。

いっぽう、清朝の時代には少数の満洲族が圧倒的に多数の漢民族を統治する体制が約270年間も続いたため、満洲族の漢化も大幅に進行した。

清代末期になると、皇帝ですら満洲語が不得意になり、ラストエンペラーの溥儀《ふぎ》の母語も中国語である。むしろ、清代の北京の旗人が話していた言葉が、現代の標準中国語（普通話《プゥトンホア》）の基礎になっているほどだ。

また、旧支配階層だった旗人はその後の歴史のなかで迫害を受けたため、本来は満洲族を祖先に持つにもかかわらず、世をはばかって漢民族のふりをした人もいた。こうした人たちは、中華人民共和国の建国後も漢族として戸籍を届け出た例が多い（さらに再び満族に戻した例も多いが、こちらは後述する）。

他の少数民族にも増して、満族が複雑な事情を数多く抱えていることがわかるだろう。

美少女道士から「戦狼」まで

満族の人口は、2021年の中国の統計では約1042万人とされる。これは少数民族のなかで、チワン族・ウイグル族・回族・ミャオ族に次ぐ。

満族は清朝の故地である遼寧省など中国の東北部や、首都の北京市その近隣の河北省などに多い。だが、清代に「駐防八旗」という世襲の駐留部隊が中国各地に存在したこともあって、広東省や福建省などの南方地域も含む中国のあちこちに広く分布している。外見や言語は漢族とほぼ見分けがつかないものの、中国社会では一定の存在感がある人たちでもある。人口的にはもっと数が多いチワン族やウイグル族などは、居住する地方が偏っているため、全国どこにでも一定以上の人数がいる点では、満族は回族と並んでかなり身近なマイノリティだ。

そのため、満族出身の著名人も多い。全体的な傾向としては、企業家として成り上がるパターンよりも、芸能・音楽や学術文芸の分野で名を成す人が目立つようだ。

たとえば、古いところでは文化大革命で迫害死に追い込まれた文豪の老舎《ラオシェ》がいる。

近年では、中国を代表するポップ歌手の那英《ナーイン》、朝鮮戦争がテーマで日本でも公開された戦争映画『1950　鋼の第7中隊』(長津湖《チャンジンフゥ》)の主演で知られる俳優の呉京《ウゥジン》、映画『レッドクリフ』で趙雲《ちょううん》を演じた胡軍《フゥジュン》、若手美人女優の関暁彤《グァンシャオトン》、華流《ほありゅう》ドラマのファンのあいだでは人気がある若手イケメン俳優の白敬亭《バイジンティン》らも、国際的に名前を知られた満族の有名人である。

（関暁彤の知名度は日本ではあまり高くないが、韓流男性アイドルグループ「EXO」の元人気メンバーだったルハン（鹿晗《ルーハン》）の恋人、と書けばピンとくる人もいるかもしれない。）

満族出身の名優である呉京が主演してみずから監督もおこなったアクション映画『ウルフ・オブ・ウォー』（戦狼《ヂャンラン》）シリーズは、人民解放軍の兵士が海外で活躍するストーリーで、愛国主義的な内容が中国国内で大当たりした。同作は近年の西側諸国において、中国政府の過度に攻撃的な外交姿勢を揶揄する「戦狼《せんろう》外交」という単語の語源にもなっている。

図5－1　**劉致妤（シャドゥ・リュウ）**
現在のテンテン。2024年1月、台湾の国政選挙前に、彼女の友人の立候補者の選挙事務所前で筆者撮影

ほか、バブル期の日本でキョンシー・ブームを起こした台湾のホラー映画『幽幻道士《ゆうげんどうし》』シリーズで、美少女道士を演じた人気子役の劉致妤《リュウヂーユィ》（シャドゥ・リュウ、通称「テンテン」）も、父方の祖父母が

満洲族の家系だ。

２０２４年1月、私が台北でテンテン本人から聞いたところでは、彼女の祖父はかつて蔣経国《しょうけいこく》（蔣介石の息子）に仕えた軍医で、祖母は満洲の軍閥の娘だったという。彼女は中華民国籍の外省人だが、仮に祖父が国民党政権に従って渡台していなければ、テンテンも現代の中国大陸で「満族」とされていた可能性が高い。

ほかに近年の国際ニュースを騒がせた著名人としては、中国遼寧省出身の書籍編集者である富察《フーチャア》（本名、李延賀《リィイエンホー》）がいる。名乗りからもわかるように、彼は清朝の高位の貴族だった満洲八大姓の富察（フチャ）氏の末裔とされ、上海の出版社で働いてから台湾人女性と結婚し、ゼロ年代後半から台湾に移住していた人物である。

富察は台湾で「八旗文化《バーチィウェンホア》」という出版社を経営し、日本の熊倉潤・法政大学教授の著書『新疆ウイグル自治区』（中公新書）の中国語版を翻訳出版するなど、中国の少数民族問題をテーマにした書籍の刊行を数多く手掛けてきた。だが、２０２３年3月に病気の母親を見舞うために中国に戻った際、当局に拘束されている（２０２４年10月現在も未釈放）。

中国大陸で暮らす満族は、歴史的な事情もあって政治面では慎重に振る舞う人が多い。

だが、富察は台湾に生活拠点を置いていたことと、書籍の著者ではなく編集者であったことで、脇が甘くなってしまったのだろう。

愛新覚羅氏と満族の誇り

いっぽう、現代の社会でもそれなりに活躍が目立つのが、清朝の旧皇族だった愛新覚《あいしんかく》羅《ら》（アイシンギョロ）氏の一族だ。

彼らは姓が目立ちすぎるのを避けるためか、中国語姓の「金《ジン》」を称したり、下の名前や字《あざな》だけを名乗る人も多いのだが、中国書画の大家や翻訳家、満洲語研究者など、文化や学問の分野を中心に著名人を多く輩出している。

ただし、往年の皇族というポジションは政治的には難しい立場でもある。愛新覚羅氏の末裔たちは、中国人民全体の団結を象徴する人民代表大会や政治協商会議の委員に選ばれる名士はいても、党の高官になって積極的に政治にコミットするような人はほとんどいない。

東京都民にとって身近な人物としては、JR大井町駅のホームに看板が出ているアイクリニック大井町の院長で、女性眼科医の愛新覚羅維《あいしんかくらい》（通称「アイ先生」）がいる。彼女

図5－2　**愛新覚羅維**　髪を自分で結うのがご本人のこだわり（本人提供画像）

も満族であり、おそらくは清朝の皇族の末裔である。本人に話を聞いたところでは、清朝三代目の順《じゅん》治《ち》帝の子どもの代で分かれた一族だとする家伝があるらしい。

往年の満洲国の縁から、戦後の日本には清朝の関係者がある程度移り住んでおり、なかでも溥儀の姪にあたる愛新覚羅《あいしんかくら》慧生《えいせい》が有名である。だが、アイ先生はこちらのコミュニティとは深い関係がなく、遼寧省出身の中国人留学生として名古屋大学の医学部と東京大学大学院医学系研究科で学び、そのまま日本で医師として活動する道を選んだパターンである。

アイ先生は、インパクトの強い名前とその美貌、大井町駅の目立つ場所に顔写真入りでクリニックの看板が設えられているので、日本のネット上では「中国通」以外の人たちからも一定の知名度がある。もしかすると、現代の日本社会でいちばん親しまれている満族の一人かもしれない。

もっとも、日本人にとって身近な満族は彼女だけではない。

帰化者も含めれば約100万人にのぼるともいう在日中国人は、満族の故郷である遼寧・吉林・黒竜江の中国東北3省の出身者が35％近く（2011年）を占め、また日本との経済関係が密接な首都の北京も、清朝時代から満族が多く暮らす街だ。そのため、私たちが国内外で出会う中国人が実は満族だった、というケースは意外と多い。

私が過去に接した人たちの印象を書けば、満族は現在の中華人民共和国の体制については論評を避けがちであるいっぽう、自分たちが「中国」の主役であるという意識は強い。「中国は私たちが作った」という潜在的な自負や、中国の土地や文化への深い愛着を、一般の漢族以上に色濃く感じることもすくなくない。

これはウイグル族やチベット族が、心の底では中国への帰属意識を抱ききれずにいる様子や、チワン族やミャオ族などの南部・西南部の少数民族がなんとなく中国社会の「周縁」にいるような雰囲気を漂わせているのとは、明らかに異なる点だ。

理由はいうまでもない。彼らはつい1世紀ほど前まで、中国全土を統治する清朝という王朝の中核を占めていたからである。

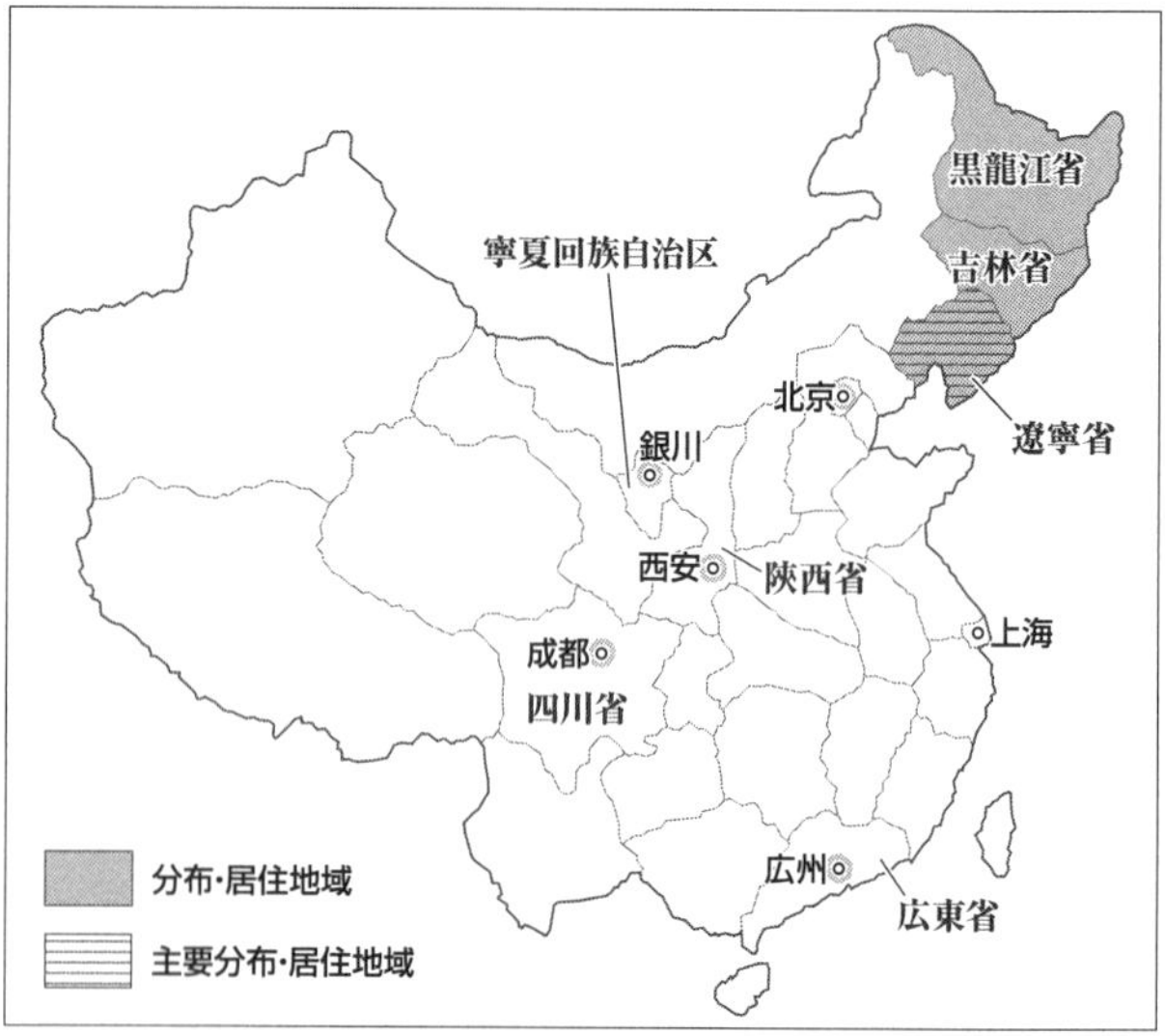

図5－3　満族の分布　『中国少数民族事典』をもとに作成

靺鞨・女真・満洲の歴史

清代までの満洲族の歴史を軽くおさらいしよう。

彼らのもっとも古い祖先とみられるのは、紀元前の殷周《いんしゅう》時代にアムール河（黒竜江）付近にいた粛慎《しゅくしん》と呼ばれる集団だ。その後、挹婁《ゆうろう》や勿《もっ》吉《きっ》という名前で中国側の史書にあらわれ、隋《ずい》代からは靺鞨《まっかつ》と呼ばれるようになる。7世紀末には靺鞨の一部が参加する形で渤海《ぼっかい》という国が興り、日本とも盛んに交流した。

渤海の滅亡後、かつての靺鞨の一部は11世紀ごろからの漢文史料で女《じょ》真《しん》（ジュシェン。女直とも書く）と呼ばれるようになった。女真はモンゴルのような遊牧民ではなく、半農半猟で生計を立てる騎射に長じたツングース系の集団だとされ、中国や朝鮮半島・モンゴル高原と交易をおこなっていた。

やがて女真は12世紀初頭に強国の金《きん》を建国し、マンチュリア（中国東北部）から中国本土の華北一帯までの広大な版図を支配した。ただ、王朝の中期からは内紛と外敵の侵入に悩まされ、１２０年ほど後にモンゴル帝国に滅ぼされる。女真たちは以前の部族社会に逆戻りし、しばらく雌伏《しふく》のときを過ごすことになった。

現在の満族と直接つながる、清朝の原型が生まれたのは17世紀の初頭である。

豊臣秀吉の朝鮮出兵の影響で、北東アジアにおける明の統治が緩んだことと、当時世界規模で進行していた交易システムの活発化にともない社会が流動的になったことを背景に、遼東半島の建州女直《けんしゅうじょちょく》と呼ばれる集団からヌルハチという帝王が台頭したのだ。

ヌルハチは１６１６年、マンチュリアの女真勢力をほぼ統一して後金《こうきん》（アイシン）という国を建てた。数百年前の先輩である金を意識した国名である。ヌルハチはモンゴル文字をもとに満洲文字を制定し、さらに女真の伝統的な狩猟組織をモデルに八旗制の基礎を作った。その後、後継者のホンタイジが李氏朝鮮やモンゴルのチャハル部を服属させ、1636年に国名を大清（ダイチン）に改める。彼は自民族の名前も、女真から「満洲」（マンジュ）に変更させた。

（余談ながら、満洲という単語は「徐州《じょしゅう》」「荊州《けいしゅう》」のような地域の名前ではなく、女真語の「マンジュ」の漢字表記だ。加えて陰陽五行説の木火土金水《もっかどごんすい》のうちで水徳を意識していた彼らは、王朝の「清」や民族の「満洲」の漢字名に、意識的にさんずい偏を使ったとみられている。なので、「満州」よりも「満洲」がより正確な表記である。）

ホンタイジが崩御した後も清の勢いは衰えず、隣国の明《みん》が1644年に李自成《りじせい》の乱で滅亡すると、混乱に乗じて中国本土に侵攻した。清は中国主要部を支配下におさめた後も、さらに康熙《こうき》帝・雍正《ようせい》帝・乾隆帝の3代を通じて征服活動を継続し、18世紀末までに台湾や外モンゴル・新疆・チベットなどを含む広大な領域を勢力範囲におさめた。

現代の中華人民共和国の国土は、外モンゴルを除けばほぼ清の最盛期の領域を継承している。清は現代中国の直接の雛形でもあった。

八旗には漢人も組み込まれた

清の征服活動の中核を担ったのが、八旗制のもとで組織された旗人たちである。

八旗は、鑲黄旗《じょうこうき》・正黄旗《せいこうき》・正白旗《せいはくき》・正紅旗《せいこうき》・鑲白旗《じょうはくき》・鑲紅旗《じょうこうき》・正藍旗《せいらんき》・鑲藍旗《じょうらんき》の８軍団からなる軍事組織だ。軍団のトレードマークである各色の旗のうち、縁取りがあるのが鑲旗《じょうき》で、それがないのが正旗《せいき》である。各旗はそれぞれ清朝皇族の旗王《きおう》のもとで統括されたが、清の体制が安定した17世紀なかば以降は、鑲黄・正黄・正白の３旗が皇帝の直属軍団として定着した。

初代のヌルハチの時代、満洲族は残らず八旗に組み込まれたが、いっぽうで後金に服属した漢人やモンゴル人・朝鮮人などが加わる例もあった。八旗の組織には、戦士の身辺の世話や荘園での農業労働をおこなう包衣（ボウイ）と呼ばれる隷属民も含まれており、こちらは漢人が充てられる例が多かった。

その後、ホンタイジが従来の満洲八旗に加えて、モンゴル人が中心の蒙古八旗と漢人が中心の漢軍八旗を設置した。清軍が中国本土に侵入した１６４４年の時点で、八旗の軍事力は満洲・蒙古・漢軍を合わせて約22万４０００騎まで膨れ上がっていたという。漢軍八旗は八旗のなかでは地位が低かったが、清が中国本土を征服する過程で大量の降伏者を受け入れ、人数が拡大した。

面白い話としては、清の中国本土侵入の前後に明から寝返った尚可喜《しょうかき》や耿仲明《こうちゅうめい》といった漢人武将も八旗に組み込まれている。そのため、現代の2012年8月になって、尚可喜の子孫である「満族」の女性が吉林省で結婚式を挙げたニュースが報じられている。祖先は漢人だったのに、降将として漢軍八旗の旗人になった結果、その末裔は満族を名乗っているのだ。

ほか、康熙帝が北方の国境紛争で屈服させたロシア・コサックの集団を八旗に組み込んだ例や、乾隆帝が中国に亡命中だった大越《だいえつ》（ベトナム）の前皇帝・黎愍帝《れいびんてい》を特例的に八旗に加えた例もある。このロシア・コサック系の八旗の子孫は、現在は満族、もしくは中国国内のロシア系少数民族であるオロス族を名乗っているという。

つまり、旗人にはロシア人やベトナム人もいたのだ。ほかにチベット人が加えられた例もある。

ちなみに、日本人の旗人は史料のうえでは確認できないが、豊臣秀吉の朝鮮出兵の残留兵（降倭《こうわ》）の集団が鉄砲技術を見込まれ、初期の清と敵対していた明軍に用いられた例がある。強力な火力を持つ降倭部隊は遼東の女真戦線にも投入されたとみられるため、明から清に再投降するなどした日本人が、初期の清軍に加わっていても不思議ではない（フィクションの話ながら、司馬遼太郎の長編小説『韃靼《だったん》疾風録』も、経緯は異なるものの清の勢力に投じた日本人の桂庄助を主人公として描いている)。

清朝の初期に日本人の旗人が存在した可能性は、それなりにある。仮に彼らが子孫を残していれば、その一族も現在は「満族」になっているはずである。

美人女優の所属旗がゴシップになる

清の中国支配のなかで、旗人は王朝によって養われる特権階層とされ、「民人」と呼ばれた一般の漢人とは明確に区別された。

彼らは首都の北京で暮らす禁旅《きんりょ》八旗と、地方都市に駐屯軍として派遣された駐防《ちゅうぼう》八旗に分かれた。禁旅八旗が暮らした場所は、一般の漢人の居住が禁じられた北京の内城、すなわち現在の北京地下鉄2号線(環状線)の内側の地域にあたる。

いっぽうで駐防八旗は、杭州・福州・広州・荊州・成都・西安などの各都市に設けられた駐屯地の内部で生活していた。いわばこんにちの日本における在日米軍基地のような位置づけである。彼らの駐屯地は城壁に囲まれ、地元の漢人とは隔絶した環境に置かれていたほか、結婚もコミュニティの内部でおこなったことで、旗人たちは独自の言語(満洲語、のちに北京官話)や習慣を数多く維持することになった。

旗人は清代の中期以降、経済的な没落や軍事力の弱体化が進んだ。なかでも漢軍八旗の構成員については、民人に転籍させられる例も増えた。ただ、それでも旗人が高い身分であることは変わらず、旗人自身もプライドを持ち続けた。

彼らは自分が所属する旗に強い帰属意識を持っていたので、清が滅んで110年以上が経った現在でもなお、満族には先祖の所属旗をすぐに答えられる人が多い。

そのため、満族の著名人たちの所属旗も明らかになっている。

たとえば、文豪の老舎は正紅旗の出であり、彼の遺作となった未完小説も、民国期の旗人の没落を描いた『正紅旗下《ヂェンホンチィシャー》』という。

歌手の那英は、一族から西太后《せいたいこう》（慈禧《じき》太后）を出した名族の葉赫那拉（エホナラ）氏の子孫で、正黄旗の出身とされる。また、戦狼映画で主演した呉京の家系は、本人が2015年にインタビュー記事で語ったところでは正白旗の武門の家だ。もとの姓は烏雅（ウヤ）氏といい、やはり名族である。さらに華流イケメン俳優の白敬亭は、正白旗の巴岳特（バヨト）氏の出である模様だ。

いっぽう、美人女優の関暁彤の祖先については、満洲八大姓の瓜尔佳（グワルギャ）氏だったという話と、鑲藍旗の包衣、つまり隷属民だったという話がそれぞれ中国国内で報じられており、実態は不明である。

関暁彤は満族であることは公表しているものの、本人が芸能活動のうえで「名族出身」を売りにしているわけではない。それにもかかわらず、1997年生まれの女優の祖先の所属旗が芸能ゴシップ記事のネタになるのは、現代中国においても八旗のヒエラルキーが身近な概念として意識されていることを示す話だろう。

太平天国と辛亥革命で進んだジェノサイド

話を清の時代に戻そう。もともと、一般の漢民族（民人）と旗人の関係は、清朝の体制が安定してからはさほど悪くはなかったという。

個人レベルでは旗人が横暴に振る舞ってトラブルになる例もあったものの、清の支配が長期間続いたこともあって、時代が下るにつれて反感は意識されなくなった。清の初期、漢民族に対して満洲族の髪型である辮髪《べんぱつ》が強制されたことは大きな反発を招いたが、こちらも19世紀に入ると自然な風習として受け入れられた。

だが、王朝の体制が動揺する時代になると、事情は大きく変わる。

1851年に太平天国の乱を起こした洪秀全が「滅満興漢《めつまんこうかん》」を唱えて辮髪を切り、満洲支配の象徴である旗人を目の敵にして攻撃しはじめたのだ。太平軍は南京を占領した際、女性を含めた旗人約2万人を皆殺しにしたほか、華北に攻め上ったときに北京の近くの滄州《そうしゅう》でも約3000人の旗人を虐殺している。

初期の太平軍は、広西の山奥で暮らす貧しい客家やチワン族（それぞれ、本書の第8章と第7章を参照）が中心で、都市部で生活する旗人との接点が薄い人たちだった。日常的に顔を合わせる人間関係が存在しなかったことで、彼らはかえって観念的な憎悪感情をつのらせ、そこに豊かな都市住民に対するコンプレックスが加わって、旗人のジェノサイドを起こしたのである。

加えて指摘すれば、中国にはもともと「華夷の別」という思想が存在した。すなわち、みずからを文化的な存在（中華）だと自認し、異民族を野蛮で劣った存在であるとみなす考えかたである。これは遼《りょう》や金などの北方民族王朝の圧迫に苦しんだ宋代に発展した、漢民族の知識人のコンプレックスを反映する思想でもあった。

満洲族の清の統治下では、言論統制のもとで華夷思想は表向き封じ込められてきた。だが、太平軍が拡大するなかで漢人の知識人が軍に加わり、また洪秀全自身も知識人くずれだったことで、蜂起を正当化するために伝統的な漢民族中心主義が持ち出された。

太平天国の乱は最終的に失敗したが、清朝の体制と旗人や満洲族を同一視して、漢人の反体制派が憎しみを抱く構図はその後も残った。

火種が再度燃え上がったのは約半世紀後だ。

1905年に中国同盟会を組織した孫文が、清朝の打倒のために「駆除韃虜《くじょだつりょ》、恢復《かいふく》中華《ちゅうか》」（北方異民族を駆逐して中華を回復する）というスローガンをとなえ、やがて1911年の辛亥革命が起きたからだ。

革命の前夜、反清的な青年知識人たちは、17世紀に清が中国を征服する際に江南の都市部でおこなった漢人虐殺を盛んに告発するなどして、王朝への憎悪を煽った。愛国主義を鼓舞するために「満洲族は中国人ではない」といった主張も流された。

結果、辛亥革命でもジェノサイドが再発する。山西省の太原では、革命派に同調した秘密結社の哥老会《かろうかい》の手によって2万人規模の旗人が殺されたり自殺に追い込まれたりした。ほか、湖北省でも女性や子どもを含む約800人の旗人が革命派に殺され、さらに西安・鎮江《ちんこう》・南京・荊州などでも同様の事件が起きた。かつて排満を唱えた革命派のイデオローグの一人である章炳麟《しょうへいりん》は、事態を受けて民族浄化的な排満行動を嘆いたが、すでにあとの祭りだった。

旗人への攻撃は、革命の成功後に臨時大総統に就任した孫文が「駆除韃虜」を撤回し、漢・満・蒙・回（ウイグル族らも含むイスラム教徒）・蔵（チベット）の五族共和をとなえたことでひとまず終わる。

孫文としても、新生国家の中華民国が清の領域をすべて継承するためには、従来の漢民族中心主義ではうまくいかないと考えたのである（ただし、その後の中国国民党時代も含めて、孫文や後継者の蔣介石らは少数民族問題に関心が薄く、漢民族への同化主義を採用しがちだった）。

自殺を選ぶ旗人

旗人の不幸は革命後も続いた。

もともと、旗人は農業や商業への従事を禁じられた軍人階層だったため、王朝が滅ぶと完全に困窮してしまったのだ。専門技術を持たない彼らの多くは、人力車夫などの肉体労働者や零細商人などにならざるをえず、貧しく不安定な暮らしにさらされた。

１９１４年に四川省の旗人たちが中華民国政府に出した報告書では、同省西南部の闔《こう》城《じょう》に住む旗人約1万２０００人のうち、自力で生計を立てられるものはわずか１〜２

割だとされた。

　また、清朝の旧首都である北京の場合、辛亥革命当時の市民人口約81万人のうちで旗人が約4分の1を占めていた。彼らの多くは、王朝のお膝元である内城に集住していたことから、その困窮にともなって民国時代の北京は中心部に巨大な貧民街を抱え込むことになった。

　絶望と貧困から、旗人の老人や女性・病人の自殺が頻発し、さらには一家心中も起きて社会問題になった。差別や迫害を避けるため、中国語の名前を名乗って出自を隠す人も増え、旗人は清末の時点では400万～500万人がいたにもかかわらず、民国時代に政府に身分を届け出た人は150万人ほどにとどまった。

　袁世凱の北京政府は、当初こそ前代の清朝に敬意をはらって旗餉《きしょう》（旗人の俸給）支給の継続を約束していたが、金額はかなり安く、しかも腐敗と財政難から給付がしばしば滞った。1924年にはついに、政権を握った馮玉祥《ふうぎょくしょう》のもとで支払い自体が廃止されている。革命後も続いていた清の皇室に対する優遇措置が事実上撤回され、ラストエンペラーの溥儀が紫禁城から退出したのもこのときである。

　八旗の組織は辛亥革命後もしばらく存在していたが、やがて旗餉の廃止やルーツを隠

図5－4　**満洲国皇帝時代の溥儀**　余談ながら、中国大陸をはじめ中華圏各地に展開する「溥儀眼鏡」というメガネ販売チェーンが存在する。本社は香港

す人の増加によって、1920年代後半にはほとんど崩壊した。

その後、1932年に日本の傀儡国家である満洲国が成立すると、現地で暮らす旗人が自動的にその支配下に入った。ほか、北京などの中国内地から溥儀を慕って身を寄せた旗人も存在した（ちなみに満洲国では、満洲族・漢民族のほか回民などもひとくくりにされて「満洲人」と呼ばれた）。

だが、日本の敗戦によって満洲国が瓦解すると、清朝の復辟《ふくへき》運動や満洲の独立運動も立ち消えた。対日協力政権だった満洲国は、その後の中国社会では公的な場で国名を表記されず「偽満洲国《ウェイマンヂョウグォ》」（偽満《ウェイマン》）と呼ばれるほど敵視されたため、かつての旗人たちは従来に増して政治的に難しい立場に置かれることになった。

中華人民共和国の成立後も、差別や迫害は形を変えて残った。旗人は清朝の旧支配者階級で、偽満洲国に協力的だった人もいたことから、「新中国」では階級闘争的な理由で警戒の目を向けられたのだ。

いっぽう、建国当初の中国共産党は、従来の国民党政権とは違って漢民族中心主義的な考えを抑える方針をとっていたため、少数民族に対する差別的な表現を和らげる政策（満洲族と清を同一視する「満清」という言葉の使用を禁止するなど）も採用していた。

満洲族は固有の言語や風習は弱まったものの「民族意識」が残っているとされ、満族という民族区分も作られた。この際に、往年の満州八旗のほか、蒙古八旗や漢軍八旗だった人たちも「満族」とされた（本人が希望すれば蒙古八旗はモンゴル族、漢軍八旗は漢族に登録することもできた）。

だが、毛沢東のもとで急速な社会主義化が進むにつれて、建国当初の少数民族への配慮はなおざりになる。さらに１９６６年に文化大革命が起きると、過去の清や満洲国の時代の経歴を次々と告発され、満族はいっそう厳しい立場に追い込まれた。

人口が2倍以上に激増した満族

満族の苦境がようやく落ち着いたのは、鄧小平が文革路線を放棄した1970年代末以降である。

中国政府は従来の政策を見直すなかで、1981年に「いかなる理由かを問わず、自分の民族成分（戸籍上の民族区分）を正しく表明できなかった少数民族は本来の民族成分を回復できる」という通達を発表する（4年後に撤回）。1984年に交付された民族区域自治法のもとでは、日本でいう町村レベルの行政地域で、満族の自治郷や自治鎮が140以上も誕生した。

この時期には、清朝の故地である遼寧省の新賓《シンビン》における満族自治県の設置を皮切りに、1989年までに13の自治県が作られた。これらと合わせて、満族の文化の復興や観光地化もはじまった。

第3章「ウイグル族」でも紹介した通り、1980年代の中国は少数民族が民族的なアイデンティティを示すことが比較的認められていた「自由」な時代であり、それは満族も例外ではなかったのだ。清や満洲国の歴史問題についても、個々の一般人の責任を問うような主張は、公共の場ではみられなくなった。

体制側からその存在を肯定するメッセージが打ち出された結果、満族の人数は大幅に増える。

1982年時点では約430万人だった彼らの人口は、1990年には約982万人に達し、たった8年で228％も増えた（2021年の統計では約1042万人）。

もちろん、これは出産による自然増ではなく、これまで漢族のふりをしてきた元旗人が大挙して満族の身分を回復したためである。1980年代前半、民族籍の変更は非常に基準がゆるく、地域によっては自己申告だけで受理されたり、政府の調査グループによって本人の意向にかかわらず変えられたりした人もいたようだ。

少数民族は格差是正処置のために高考《ガオカオ》（大学受験）で10点がプラスされる制度があったり、近年まで存在した厳格な計画生育政策（いわゆる「一人っ子政策」）の産児制限基準が緩和されたりしたので、民族籍の変更者にはこうした優遇措置を目的にした人も多い。先祖が旗人とまったく関係がないはずの漢族が、戸籍を満族に変更したずるい例も多々ある。

こうして1980年代以降の満族は、往年のような問題に悩まされることが大きく減り、ゆえに政治的なニュースの主役になることも激減した。そもそも、本人たちも中国人としてのアイデンティティが強く、旧満洲の分離独立を目指す可能性もいまやほぼないことから、政府としても弾圧的な政策をとる理由が何もないのだ。

現代の中国では、清朝を舞台にした大河ドラマや武俠《ぶきょう》ドラマが定番の人気ジャンルで、清代はちょうど日本の江戸時代のような位置づけだ。北京の観光地も往年の清の歴史を積極的に打ち出しており、満族はようやく旗人としての出自を誇れるようになった。

本書で取り上げる少数民族のなかではめずらしく、過酷な過去よりも現在のほうが安定的な状態にあるという、ホッとするパターンである。

ただ、満族が20世紀の終わりまでに味わった歴史は、中国における政治動乱の恐ろしさを伝えるものでもある。ある時期に優勢だった集団が、その後の時勢の変化で叩き落とされる構図は、中国ではよくある話なのだ。１９６０年代の文化大革命の当時、旧国民党政府の縁者や、それまで中国共産党内で優勢だった実務派（実権派）の党幹部、体制内の知識人らが過酷な迫害を受けた歴史は、詳しく説明するまでもない。

近年でも習近平政権の権力が確立する過程で、前代の胡錦濤時代に我が世の春を謳歌していた政商や党高官が大量に失脚したり、党内の有力派閥だった団派（共産主義青年団派）がまるごと政治的実権を失ったりしている。

そんな中国の姿を理解するうえでも、近代の満族の過酷な歴史は多くのことを私たちに伝えてくれる。

コラム1　チンギス・ハンは「中華民族」か？――モンゴル族の難しい立場

私は第5章で、もともと中華世界とは文明を異にするウイグル族やチベット族について、「心の底では中国への帰属意識を抱ききれずにいる」と書いた。いっぽう、清朝の旧支配層だった満族については「自分たちが「中国」の主役であるという意識」が強いと記した。

ただ、このふたつの意識は、実は完全に相反《あい》するものではない。自分たちは本来ならば中華世界の人間に非《あら》ずという歴史認識と、「中国はわれわれが作った」という優越感を併せ持っているのが、モンゴル族という人たちである。

2021年の人口は約629万人。その名の通り内モンゴル自治区に多いものの、かつて大元ウルス（中国王朝としては「元」）が中国全土を支配していた関係から、満族と同じく雲南省や河南省など各地に分布する。中国社会に溶け込んでいる人も多い反面、モンゴル語との言語系統が比較的近いためか日本語を学ぶ人が多く、モンゴル族の中国人留学生を日本国内で見かけることもめずらしくない。

実際に現地に行ったり（拙著『もっとさいはての中国』参照）、日本でモンゴル族と話したりすると、彼らはしばしば「われわれはチンギス・ハンの子孫だ」という強烈な自負を言葉の端々に匂わせる。現在、日本人と接するようなモンゴル族の多くは都市部で現代的な生活を送っているが、こうした民族自慢の際には「草原はすばらしい」「ゲルはすばらしい」という自然や文化への賛美もセットとなる。

そこで、民族意識が強いモンゴル族に「モンゴルがいなければ中国はもっと小さかったですよね」と返事をしようものなら、我が意を得たりと満面の笑みで頷かれる。やや似た歴史を持つ満族と比べると、モンゴル族は漢族に好感を持たない傾向が強いが、いっぽうで強大な中国が自分たちの手で生み出されたことには、まんざらでもない感情を持つ人が多いようだ。

事実、すくなくとも中華人民共和国の建国からしばらく、中国国家の側もモンゴル族に気を遣ってきた。

〝自治〟の内実はさておくとしても、彼らには中国北部一帯に内モンゴル自治区と

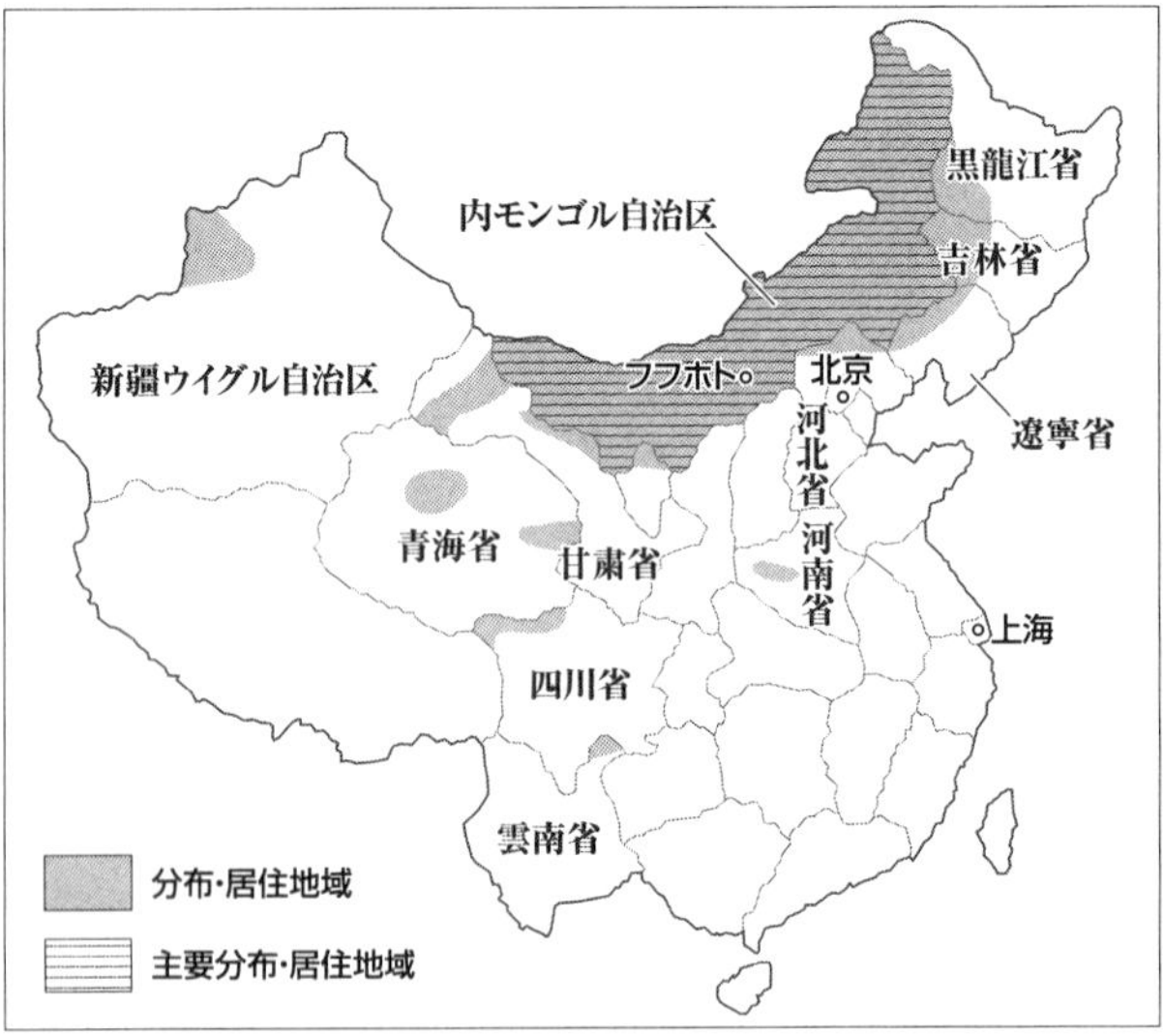

モンゴル族の分布　中国本土に存在するコミュニティは、往年の元の遺民としての伝承を持つ人たちだ。『中国少数民族事典』をもとに作成

いう広大な行政区画が与えられている。区内にはもともと清朝の盟旗制《めいきせい》をルーツとする「盟」「旗」（それぞれ中国本土の市〔地級市〕や県に相当）という、他の地域では見られない行政区画も残る。

また、当局が1991年に定めた各民族の数字コード（標準数字代碼《ビャオヂュンシューヅーダイマァ》）では、モンゴル族は漢族の01番に次ぐ「02番」だ。1990年代前後に中国で流通していた人民元の紙幣（第四套人民幣《ディースータオレンミンビー》）は、最小額紙幣の1角から10元までは中国国内の各民族が描かれるデザインだったが、このなかの「最高額」である10元札の人物も漢族とモンゴル族だ。

しかも、漢族が風采の上がらない老人なのに対して、モンゴル族は精悍《せいかん》な若い男性で、漢族よりも手前に描かれていた。当時の10元札は社会での使用頻度が最も高かったため、このモンゴル族の若者は中国人にとってもっともなじみのある顔だった。

内モンゴル自治区の区都フフホト市にある内蒙古博物院も、すくなくとも私が訪れた2015年の時点では、紀元前以来の北方民族の偉大な歴史を詳しく説明する展示が目立っていた。モンゴル族が自分たちの歴史に誇りを持てそうな展示内容で、当時すでに深刻な少数民族弾圧が伝えられていたウイグル族とは明らかに扱いが異なるように感じられた。

モンゴル族の人口は中国の少数民族のなかでは突出して多いわけではないが（2021年時点では10番目）、かつては漢族に次ぐ存在として、中国国家の内部での政治的な重みを持つ人々だったのだ。

モンゴル帝国と大元ウルス

当局がかつて示していた「配慮」の一因は、モンゴル族の歴史的経緯である。有史以来、匈奴《きょうど》・鮮卑《せんぴ》・柔然《じゅうぜん》といったモンゴル高原の遊牧民は強力な騎馬戦術を武器としてしばしば中原《ちゅうげん》に侵入し、ときには中華王朝よりも政治的に優越した立場に立ったり、一部が中国本土に入って王朝を建てたりしてきた。

なかでも、中国のみならず世界史全体を変えたのが、モンゴル部から出たチンギス・ハンだ。モンゴル帝国は彼の死後も拡大を続け、中国や朝鮮半島から中東・ロシアまでユーラシア大陸の大部分を制圧した。彼らの領域のなかで東アジア部分を支配した大元ウルスは、首都を大都《だいと》に置いた。

この大都が現在の北京に直接つながる都市である。それまで約340年にわたり分裂していた漢民族の居住地域が、元の支配下で統一政権のもとに置かれたことは、現代の中華人民共和国まで続く中国の領域のありかたに大きく影響を与えている。

その後、明が台頭したことで大元ウルスは中国本土を放棄したものの、彼らはその後も強力で、しばしば明を脅かした。次の王朝の清の時代になると、モンゴル系遊牧民は17～18世紀を通じて各部族が段階的にその支配下に入ったが、清にとってはながらく最大の対外的脅威であり続けた。

清は最初期に服属したモンゴル人を満洲八旗に組み込み、やがて蒙古八旗を新設、さらに一部は外藩として王公の自治を認めた。清は中華世界では明の後継者だったが、ユーラシア大陸内部では大元ウルスの権威を継承する存在であり、清の支配下のモンゴル人は準支配階級のような地位にあった。

ただ、近代に入ると騎馬戦術はさすがに時代遅れになる。

１９１１年の辛亥革命で清朝が倒れると、モンゴル人たちは中国支配からの独立の動きを見せはじめたが、人数がすくなく武力も衰えた彼らは他国の力を借りるしかなかった。

結果、外モンゴルは独立したものの、社会主義化してソ連の衛星国になる。内モンゴルでも１９３０年代に日本の傀儡政権である蒙古聯合自治政府が誕生したが、この政権は終戦とともに瓦解した。

戦後、モンゴル人の中国共産党員だったウランフが、党の指導下での内モンゴルの自治拡大を目指したことで、１９４７年に内モンゴル自治政府が成立する。これが現在の内モンゴル自治区の母体だ。

その後の中国の体制下で、モンゴル族の行政上の地位が他の少数民族よりもやや高かったのは、かつて中国全土の支配民族だった歴史に加え、中華人民共和国建国の2年前に内モンゴル自治政府が成立して党に帰順したことが評価されたためだと思われる。

内蒙と外蒙

しかし、〝自治〟の内実が不十分だったことは言うまでもない。

ウランフは文化大革命で「民族分裂主義者」として激しく批判され、自地区内では大量のモンゴル族が粛清された（内モンゴル人民革命党事件）。文革後、他の自治区と同じく、モンゴル族がある程度は〝自由〟になった時期もあったが、その後は中国社会の経済発展のなかで漢族への同化が進んだ。

また、中国当局は遊牧民の定住化政策や牧草地への柵の設置も進めた。中国の土地制度のもと、遊牧には欠かせない牧草地のシェアが難しくなったことで、いまや内モンゴルに遊牧はほとんど存在しなくなった（「牧畜」はおこなわれている）。

ゆえに2010年5月には、内モンゴル各地で中国支配に反発する騒乱が発生している。当時は2008年3月のチベット騒乱、2009年7月のウルムチ騒乱など、中国の少数民族支配が動揺していた時期であり、内モンゴルの騒乱でも約10人が死亡したとされる。その後は反乱は下火になったが、習近平政権に入ってからは中国語教育が強化され、モンゴル族の反発を受けている。

いっぽう、モンゴル族は漢族との外見的な違いが比較的小さい。加えてチベット族やウイグル族とは異なり、先祖たちが紀元前から中国と付き合ってきた経験がある。ゆえに、都市部のモンゴル族のなかには流暢な中国語を話して中国名を名乗り、いまや中国社会に完全に溶け込んだように見える人もかなり多くなっている。

草原に国境が引かれて100年以上が経ったことで、モンゴル国のモンゴル人と、内モンゴル自治区のモンゴル族の距離も広がっている。中国嫌悪意識が強いモンゴル人たちは、内モンゴルのモンゴル族を「中国化した連中」とさげすみ、いっぽうで中国のモンゴル族は外モンゴルのモンゴル人を「ロシア化しすぎている」としばしば非難する。

ここでややこしいのは、文字と言語の分断だ。中国のモンゴル族は伝統的なモンゴル文字を使うものの、それを日常的に読み書きする人は年々減っており、モンゴル語の話者も減少している。いっぽう、モンゴル国の人々は日常的にモンゴル語を話しているが、ソ連の影響を受けているため文字はキリル文字を使う。つまり、モンゴル国と内モンゴル自治区のどちらの側も、相手に対して「モンゴルの伝統を忘れている」と批判できる理由があるということだ。中国とロシアの狭間に置かれてきた少数者たちの悲劇だろう。

加えて、地下資源が豊富な内モンゴルの都市部はいちじるしい経済発展を遂げている。内モンゴルの資源型都市・オルドス市における2023年の一人あたりGDPは26万4699元（約569万円）で、全中国の都市で首位に立つ。すくなくとも数字上は、北京や上海よりも裕福な街が存在するのだ。ゆえに、自分の国を持たない中国のモンゴル族のほうが、民族の本家であるモンゴル国の国民よりも豊かだという皮肉な逆転現象も起きている。

よみがえるチンギス・ハン

モンゴル国と、中国側の内モンゴル自治区との矛盾を象徴する存在が、彼らの最大の英雄であるチンギス・ハンだ。

世界帝国だったモンゴル帝国は、その後の歴史に大きな影響を残している。帝国が衰退した後にユーラシア各地に成立した大帝国は、中国の明・清はもちろん、ロシアのモスクワ大公国（ロシア帝国）、中東のオスマン帝国や中央アジアのティムール帝国（後にインドのムガール帝国）など、いずれもモンゴル帝国の後継政権としての性質を持つ。

ただ、各地の人々にとってチンギス・ハンは征服者であり、モンゴル帝国が滅びてから時代が下るにつれて、一部の国々では自分たちのプライドを傷つけた存在として憎悪の対象になった。後世のロシアでモンゴル支配が「タタールのくびき」と呼ばれ、実態以上に苛烈な支配が強調されたり、ソ連が衛星国のモンゴル人民共和国に反チンギス・ハンのキャンペーンをおこなわせたりしたのはその一例だ。

中国においても、清末になり民族主義が盛り上がるなか、漢民族のあいだで「駆除韃虜」のスローガンが唱えられ、北方民族への敵意が高まったことがある（第5章「満族」も参照）。

当時の「駆除韃虜」の主要なターゲットは満洲族だったが、「韃」の字のもともとの意味は韃靼（タタール）、つまり明代の漢文史料に登場するモンゴルの呼称だ。

当然、漢民族のナショナリストたちのチンギス・ハンへの感情もまた、本来は決して良好とはいえなかった。

ただ、中国側でのこうした評価は1940年代ごろからひっくり返る。内モンゴルに傀儡政権を樹立した日本の侵略に対抗する必要から、国民党と共産党がともにチンギス・ハンを「中華民族の英雄」として顕彰するようになったからだ。

この動きは中華人民共和国の建国後も続き、1954年には中国政府によって内モンゴル東部の興安盟《シンアン》に壮大なチンギス・ハン陵も作られた（なお、歴史的に見た場合はチンギスの正確な墓所は現在まで定かではない）。

このチンギス・ハン陵は、文化大革命時代に紅衛兵に荒らされたがその後再建され、1980年代には観光地として対外開放された。中国当局はすくなくとも2010年代初頭までは、チンギス・ハンを「中華民族」の英雄として強調することで、モンゴル族との融和を図る動きを見せていた。

いっぽう、モンゴル国におけるチンギス・ハンも絶大な権威を誇る英雄だ。1960年代には、先述したソ連の歴史観の影響から「人類文明の破壊者」として批判対象にしていた時代もあるが、同国が1992年に社会主義を放棄してロシアと一定の距離を置きはじめてからは、チンギス・ハンを英雄視する見方が圧倒的に強い。

１９９０年代前半には、ウランバートルのレーニン通りが「チンギス・ハン通り」に改名された。２００６年には国会議事堂前に置かれていたモンゴル人民共和国の建国の父であるスフバートルとチョイバルサンの像が他の場所に移され、かわりに巨大なチンギス・ハン像とモンゴル帝国の歴代帝王の像が建てられることになった。

こうした中国とモンゴル国双方の動きから発生したのが、両国間の「チンギス・ハンの取り合い」だ。

２００５年、中国側にあるフフホト市の白塔《バイタァ》国際空港が「チンギス・ハン国際空港」に改名を検討したところ、情報を得たモンゴル国がわずか1週間でウランバートルのボヤント・オハー空港をチンギス・ハン国際空港に改名し、中国の動きを阻止している（ちなみに現在、チンギス・ハンの名は２０２１年に開港した新空港に冠され、従来の空港はボヤント・オハー国際空港に再改名された）。

また、もともとモンゴル国では、チンギス・ハンの孫のフビライ・ハーン（ハンは君主号、ハーンはその上位の呼称）については、中国王朝の元の建国者でもあることであまり人気がなかった。だが、中国側でフビライを顕彰する動きが出たことで、モンゴル国の国会議事堂前のモンゴル帝国歴代帝王像のなかにフビライが加えられる……。といった出来事もあった。

ただし、こうした「チンギス・ハンの取り合い」は、近年になりモンゴル国側の不戦勝で決着しつつある。

理由は、中国側でのチンギスの顕彰が、漢族中心主義的な考えが強い習近平政権のもとで下火になったからだ。

2023年12月30日に『ヴォイス・オブ・アメリカ』中国語版が伝えた記事によれば、近年の内モンゴル自治区内ではモンゴル族の歴史に関する書籍が発禁になっているうえ、チンギス・ハン陵への立ち入りも禁じられているという。モンゴル族の過去の歴史をひとまず認めたうえで、それを偉大な中国史の一部に位置づけるという従来の当局の方針は、いまや転換されている。

習近平政権の愛国主義は、「駆除韃虜」ならぬ「同化韃虜」の方向に舵を切りはじめているようだ。

第6章　ナシ族——かわいい文字と極度の観光化

日本でも大人気の謎の象形文字

トンパ文字（東巴《ドンバー》文字）という不思議な文字をご存じだろうか。

これは中国雲南省北西部の麗江《リージャン》市を中心に居住するナシ族（納西《ナーシー》族）という少数民族の文字だ。トンパ文字は彼らのシャーマンである巫師《ふし》が用いてきた特殊な象形文字で、次頁の図からもわかるように、非常にユニークな外見である。なお、書かれているのは「三十歳になった驢馬は　もう一度ラサへ旅に出ようとする」という彼らの俚諺《りげん》である。

この文字は、実は日本のデザイン業界においては知る人ぞ知る知名度がある。

かつて民主党（現在の国民民主党と立憲民主党などの前身）のロゴマーク制作を手掛けるなどしたアートディレクターの浅葉克己がトンパ文字に傾倒し、２００２年にキリン

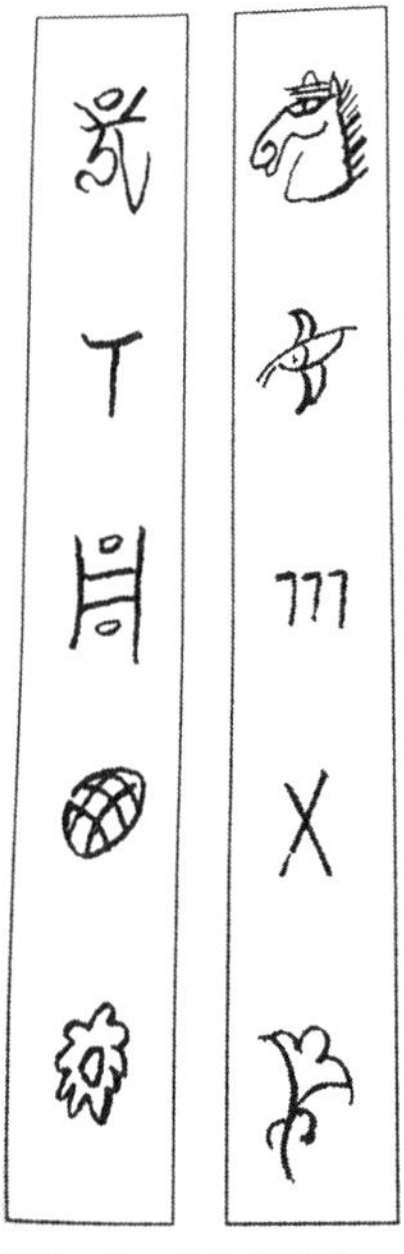

図6-1　**トンパ文字**
和品正『納西東巴教典名句鑑賞』（雲南民族出版社、2000年）より。同書は筆者所蔵

ビバレッジから発売された「日本茶玄米」のパッケージデザインにこの文字を用いるなど、作品を多数発表しているからだ。

日本茶玄米のデザインは、発売当時はかなり話題になり、日本の一般人のあいだでもトンパ文字が知られるきっかけになった。ほかにも彼のトンパ文字デザインは東京アートディレクターズクラブ最高賞やグッドデザイン賞を受賞しているため、この分野に興味がある人なら一度は目にしたことがあるはずだ。

ネットで調べてみると、プロ野球のロッテの名投手・村田兆治の兄で篆刻《てんこく》家の村田千《ち》加良《から》がトンパ文字の作品を作っている、高田馬場にある文房具店でトンパ文字のポストカードや缶バッジが販売された——。といった近年のニュースも見つかる。「トンパ文字で年賀状をつくろう」とうたう、児童書の出版社のホームページも存在する。

中国雲南省のマイナーな少数民族の文字が、約4000キロ離れた日本でこれだけ受け入れられているのは驚くべき話だろう。実のところ、トンパ文字の知名度は日本のほうが中国国内よりも高いようで、「日本茶玄米」のように商業的な意匠として用いられる事例も、おそらく中国よりも多い。

トンパ文字の故郷である雲南省の麗江の街も、世界的に有名な観光地だ。

雲南省はナシ族を含めて、中国の56民族のうち25民族が暮らす。そのうち、雲南省だけに住む民族が15もいるなど、少数民族の宝庫として知られる土地である。省都の昆明市は沖縄本島と同じくらいの緯度に位置するが、平均海抜が約2000mという雲貴高原にすっぽりおさまる形で省全体が位置しているため、気候はきわめて穏やかだ。風景が非常に美しく、中国国内でも人気の旅行先として知られている。

ナシ族たちの歴史的な中心地である麗江市の旧市街・麗江古城《リージャングゥチェン》は省内の東北部、チベット高原の入り口に位置する。かつてのナシ族の支配者だった木氏《ぼく》の巨大な屋敷である「木府《ぼくふ》」を中心に、木造家屋が軒を連ねる景観の美しさは世界的にも評価が高い。

ただ、筆者自身も学生時代に現地を訪れたことがあるが、当時（2003年3月）ですら観光化と商業化が激しく、なんとなく作り物めいた雰囲気があった。ガイドブックやテレビの旅行番組で描かれる「中国奥地の秘境」のイメージとの乖離は激しく、すくなからず失望した記憶がある。街の雰囲気は、日本の飛騨高山や妻籠宿あたりのほうがずっと風情がある印象だった。

中国の旅行系動画配信者のムービーで現在の様子を眺めると、中国の観光地にはつきもののネオンサインの洪水や、真新しい建物に入居した画一的な土産物店を確認できる。近年はいっそう、俗っぽい雰囲気の場所に変わっている模様だ。

不思議な文字を現代まで伝える、ミステリアスな高原の民——。トンパ文字から受けるそうした先入観とは異なり、現実のナシ族は、現代中国の資本主義に過剰なほど組み込まれている。

三国志の「南蛮」の地

ナシ族の人口はわずか32・4万人(2021年)で、中国人全体どころか雲南省全体でも、ほんの一握りの人々にすぎない。彼らの人口の9割が雲南省麗江市(特に市内中心部の古城《グウチエン》区と西部の玉龍《ユイロン》ナシ族自治県)や隣接するシャングリラ県南部で暮らし、ほ

図６－２　**ナシ族の分布**　『中国少数民族事典』をもとに作成

かに四川省南西部の塩《イエン》原《ユエン》県や塩《イエン》辺《ビエン》県、木里《ムーリィ》チベット族自治県、さらにチベット自治区東部のマルカム県などにわずかに分布がみられる。

麗江市の中心部は海抜およそ２４００ｍの高原地帯だ。

雲南省の各少数民族の伝統的な居住地域は、さながら高山植物層のように「土地の高さ」によって分かれていると言われ、ナシ族は北東部の山岳地帯のチベット族よりも低い場所に住むが、盆地の平野部にいる大理のペー族や昆明のイ族よりも高い場所に分布する民とされる。民族の言語であるナシ語は、シナ・チベット語族チベット・ビルマ語群に属しており、歴史的にもチベットとの関係が深い。

ナシ族の遠い祖先は、中国西北部の異民族である羌人《きょうじん》だったとみられている。すなわち、三国志の時代（正確には後漢末期）に西涼の軍閥だった馬騰《ばとう》・馬超《ばちょう》と協力し、五胡十六国時代に「五胡《ごこ》」のひとつとして中原に侵入、後秦《こうしん》という小王朝を建てたこともある集団だ。

羌人は中国西部のさまざまな民族の祖とされ、西北部に残ったグループが現代中国の少数民族区分でいうチャン族やチベット族になった。いっぽう、羌人のなかには西南部の雲貴高原に南下したグループがおり、彼らがナシ族やイ族の祖先になった模様だ。（なお、本書のカバーイラストをかざっているのも、四川省涼山イ族自治県美姑県のイ族である。）

かつての羌人たちの一派が移り住んだ雲貴高原は、『三国志演義』で諸葛孔明《しょかつこうめい》の遠征先として描かれる「南蛮」の地に相当する（孔明の南蛮行）。南蛮の諸民族は、中国側の史書では西南夷《せいなんい》と呼ばれ、現在の地名でいう昆明市付近にいた滇《てん》や、貴州省方面にいた夜郎《やろう》などの勢力がいた。余談ながら夜郎は、自分の力量を知らずにいばることを意味する「夜郎自大《やろうじだい》」という四字熟語によって、現代の日本にも名前が伝わっている。

やがて7世紀の唐代になると、雲南西部の大理盆地付近にいた西南夷たちが、洱海《アルハイ》という湖の水系沿いに「チャオ」（詔《しょう》）と呼ばれる六つの王国（六詔《ろくしょう》）をつくった。このうちのひとつである「越析詔《えつせきしょう》」が、ナシ族の祖先の一部だとみられている。

この六王国のなかでは南方の蒙舎詔《もうしゃしょう》が強勢であり、やがて4代目の王の皮羅閣《ひらかく》が唐の援助を得つつほかの王国を倒して大理盆地を統一、南詔国《なんしょうこく》（738〜901年）を建国した。彼らはやがて昆明方面にも勢力を拡大し、現在の雲南省の主要部を版図におさめていく。

南詔の王族は烏蛮《うばん》、ほかの貴族や住民の多くは白蛮《はくばん》と呼ばれ、それぞれ広い意味ではイ族やペー族の祖先とみられている。軍事強国だった南詔は、やがて唐や吐蕃《とばん》（チベット）としばしば戦い、唐末には遠く交州《こうしゅう》（北ベトナム）まで侵攻した。

いっぽう、越析詔が滅びたあともかろうじて生き残っていたナシ系の部族はモソ人（磨些蛮《まさばん》）と呼ばれ、唐・南詔・吐蕃という当時の三大国のあいだをきわどく泳ぎ渡り命脈を保った。やがて南詔が滅び、白蛮の段思平《だんしへい》が大理国（937〜1253年）を建てても、強大な中華王朝と雲南やチベットの覇者たちとのあいだで揺れ動く、小勢力の悲哀は変わらなかった。

こうしたモソ人の運命が大きく転換した契機は、なんとモンゴル帝国の拡大である。1253年、当時の皇弟フビライが率いるモンゴルの遠征軍が、雲南に侵入して大理を滅ぼしたのだ。このとき、モソ人の部族長だった麦良《ばくりょう》がモンゴル軍に協力したことで、その子孫たちは麗江一帯の支配権を認められるようになった。

雲南の片隅でほそぼそと暮らしていたモソ人は、人類史上で最大の版図を誇ったモンゴル帝国のささやかな構成要素のひとつになった。いわば、ローカルな町工場がトヨタの子会社になることでグローバルネットワークに組み込まれたようなもので、モソ人の勢力はようやく明確な形で歴史の表舞台にあらわれたのだった。

中国とチベットの狭間で台頭

14世紀後半、漢民族の王朝である明《みん》がモンゴル勢力を中国の主要部から追い、やがてモンゴル皇族の支配がまだ続いていた雲南に出兵すると、麦良の子孫である阿甲阿得《あこうあとく》はすかさず明軍に協力して地位を保った。従来、モソ人は姓を持たなかったが、明の太祖・朱元璋《しゅげんしょう》は阿甲阿得に「木」という姓を与え、さらに木一族が麗江の土司《どし》職を世襲することも許した。

ちなみに土司とは、明清時代に中国西南部の少数民族地域を対象として導入された間接統治政策だ。現地の部族のリーダーに大幅な自治権をあたえるかわりに納税と軍事協力の義務を課す制度で、日本の江戸時代の藩とやや似たイメージの地方統治の方法だ（詳しくは第7章「チワン族」で述べる）。

麗江の木氏土司は明王朝と良好な関係を築き、明の支持を後ろ盾としてチベットのカム地方（現在の四川省カンゼ・チベット族自治州）南部などの周辺地域にしばしば侵攻、雲南省の約6分の1を支配した。これは広大な明帝国の全体からするとわずかな土地だが、それでも面積でいえば、日本の東北地方の全域に相当する領域である。木氏土司の権勢は盛んで、周囲の少数民族からは「木天王《ぼくてんおう》」と呼ばれた。彼ら自身は「磨些王《まさ》」（モソ人の王）と自称していたようだ。

明代には権威の象徴として木氏の屋敷が拡張され、北京の紫禁城を模したという宮殿「木府」もつくられた。また、木氏土司は一族の若者を浙江省などの中国本土の先進地域に盛んに留学させ、歴代の当主には漢詩や漢文に長じた者が多く出た。ほかにも道教の道士を屋敷に招いたり、儒教的な概念にもとづく族譜《ぞくふ》（一族の歴史書）をしばしば製作したりと、中国文化を盛んに受け入れた。

ただ、近年の研究によれば東側のチベット文化圏との交流も活発だったらしく、木氏がチベット仏教のカルマ派の大施主だったとする記録もある。なかでも明末の第19代土司である木増《ぼくぞう》はチベット名を持ち、一族には出家者もいたという。やがて明が倒れて満洲族の清の時代になっても、木氏土司は三藩《さんぱん》の乱（雲南を支配した明の降将の呉三桂《ごさんけい》らが起こした反乱）で清軍に従うなど、相変わらずの優れた外交力を見せた。

だが、18世紀に入ると、中央集権志向が強い清の雍正帝《ようせいてい》のもとで、木氏勢力は改土帰流《かいどきりゅう》の対象とされてしまう。改土帰流とは、土司の撤廃政策だ。簡単に言えば、それまで現地の世襲の殿様であった土司を〝改易〟し、その支配地域を中国内地と同様に王朝の直轄領に組み込む政策である。

木氏は「モソ人の王」とはいえ、強大な清朝に対して大きな抵抗は示さず改土帰流を受け入れた模様だ。彼らは土通判《どつうはん》という身分をあたえられ、地域の名族として名前が残ったが、元代から約470年にわたり維持してきた政治的な実権はここで失われた。

その後、清朝の直接統治を受けたモソ人たちは庶民層まで中国文化を受容し、固有の文化を徐々に失いつつ近代を迎える。やがて中華人民共和国が成立すると、彼らは政府の民族識別工作を受けて「ナシ族」の名で呼ばれるようになった。

なお、ナシ族には麗江市の中心部や西部に住む「ナシ」のほかに、東部の寧蒗《ニンラン》イ族自治県の濾沽湖《ルーグウフゥ》という湖のほとりに「モソ」を名乗る小集団がいる。彼らは現体制下の民族区分では「ナシ族」に含められ、同じく羌人の末裔だとされているのだが、ダバ教という民族宗教を持っていたり、独自の母系社会を築いていたりと、主流派のナシ族とは文化がかなり異なる（コラム2参照）。

ほかに四川省にはモソ人と言語や風習が似ているのにモンゴル族とされている集団も存在している。例によって、中国の民族識別工作の大雑把さを示す事例である。

消えかけたトンパ文字

麗江古城のナシ族たちに話を戻そう。

ナシ族たちは、彼ら固有のアニミズム（精霊信仰）や祖先崇拝を基盤に、チベット仏教やボン教（チベット系の土着宗教）の影響も受けて、民族宗教の「トンパ教」を作った。このトンパ教の宗教文書で用いられてきたのが、本章冒頭でも紹介したトンパ文字である。

トンパ文字の起源は、7世紀ごろ（唐・南詔時代）のシャーマンの絵文字であるとも、

図6－3　**ナシ族の女性**　毎年旧暦2月8日におこなわれる、トンパ教の守護神の誕生日を祝う祭り「三朶節」のひとコマ（アフロ）

もっと古い紀元前（春秋時代）の巴《は》や蜀《しょく》の符号文字とつながりがあるともいうが、いまだ不明な部分が多い。ほか、ナシ族は漢字と似た外見の「ゴバ文字」（哥巴《グーバー》文字）という別の文字も持つが、こちらも謎が多く、トンパ文字とゴバ文字のどちらが先に成立したのかもよくわかっていない。

　トンパは「山村で経を諳《そら》んじる者」や「知恵のある者」を意味し、トンパ文字で書かれた教典を読める宗教者（巫師）のことを指す。トンパ教の教典は現在までに約2万冊が確認されており、神話や伝説・歌謡・舞踏・葬祭の方法などが記されている。

自然発生的な民族宗教であるトンパ教には、明確な教団組織や統一された教義は存在しない。トンパ文字についても、実はそれぞれの文字の読み方や意味は厳密に定められておらず、読む人によって意味が変わるとされる（トンパたちは先祖から口伝で意味を教えてもらっているので読めるという）。

いっぽう、ナシ族の人々は木氏土司が解体された清代中期から中国文化の影響をより強く受け、その傾向は近代に入りいっそう強まった。中華人民共和国の建国後、トンパ教は「封建迷信」として禁止され、近年まではナシ族自身のあいだでも「遅れた文化」として忌避する人がすくなくなかった。特に1966年からの文化大革命の打撃は大きく、トンパたちの知識継承が広範囲で断絶したほか、多くのトンパ教典が失われた。

トンパ文字が復活したのは、中国で改革開放政策が採用された1980年代以降だ。本書でもすでに紹介してきたように、この時期はウイグル族や回族・満族など多くの少数民族のあいだで文化や宗教の復興が進んだが、それは麗江に暮らすナシ族も例外ではなかった。

こうしたなかでナシ族の知識人からは、「民族文化」としてトンパ文化を対外的にアピールする動きが出た。社会主義体制下ではトンパ教の宗教的な要素を前面に出すと制約が多くなるため、あくまでも文化として強調する方針が採られたのだ。

いっぽう、こうした文化復興と足並みを揃えるようにして進んだのが、瓦葺きの伝統家屋が多く残る旧市街地域・麗江古城の観光地化である。麗江古城は街並みの美しさから、1986年に中国国務院によって国家歴史文化名城に指定され、さらに1997年12月3日にユネスコにより「Old Town of Lijiang（麗江旧市街）」として世界文化遺産に認定された。

街のシンボルである木府は、清末に起きた回民蜂起であるパンゼーの乱（第2章「回族」参照）と中華人民共和国建国後の文化大革命で完全に破壊されていたのだが、1999年に麗江の地方政府による世界銀行からの借款で再建された。ちなみに1996年には麗江市付近を震源とする大地震が起きて多くの人命と伝統家屋が失われ、これを機に建て替えられた建物も多かった。

街の様子が大きく変わりつつあるなかでも、麗江古城の知名度は国内外で向上していき、ナシ族の知識人たちが復活させたトンパ文化を観光の目玉にしようとする動きも強まった。地元政府主導のトンパ文化祭りなども、盛んにおこなわれるようになった。

2000年代前半以降の日本におけるトンパ文字ブームも、一連の麗江古城の観光地化によってトンパ文字の存在が海外に知られたことで始まったものである。

「トンパ焼き魚」登場

麗江古城の観光開発は、その後も目まぐるしい勢いで進んだ。

新華社によると、2024年の春節（旧正月）休暇の8日間で麗江古城に足を踏み入れた人数はのべ214万人となり、前年比で約35％増を記録したという。これは現地の住民人口（おそらく30万人ほど）を含んだ数字とはいえ、すさまじい人数なのは間違いない。中国におけるこの手の数字は当局がスマホのGPSを追跡することで統計を取っている可能性があり、おそらくかなり正確である。

ほかの報道でも、2023年の1年間に麗江市全体が受け入れた観光客数はのべ6986万人、旅行関連業の総収入が1066億元（約2兆2900億円）という数字が発表されている。

観光客数はコロナ禍の時期を除いて増加し続けており、加えて近年は中国人客が6割強を占めるようになった。コロナ禍後の中国が外国人観光客の受け入れに消極的になったことや、中国の景況悪化や政治的理由による海外渡航の煩雑化で国内旅行を選ぶ中国人が増えていることが背景にある。いっぽう、それでも外国人客がそれなりに多いことからわかるように、国外からの人気も相変わらず高い。

だが、観光化によって麗江古城やトンパ文字が世界的な知名度を獲得した反面、ナシ族の人々が伝統的な暮らしを営む場所としての旧市街の役割は失われていった。

麗江古城の一地域（新義社区）の伝統民家の状態を20年にわたり定点観測している滋賀県立大学教授の藤木庸介らの調査によれば、新義社区において調査対象となった22軒の民家のうち、前世紀末の1997年時点では3分の2以上に住民が居住しており、残る家屋も多くが住民生活のために使用され、観光関連施設は3軒のみだったという。

だが、2005年の再調査の時点では激しい観光化が観察され、さらに2017年におこなわれた3回目の調査では、住宅用途で利用される家屋はほぼ消滅し、土産物店や民宿などの観光施設に置き換わったことが確認されている。

かつて麗江古城に住んでいたナシ族の多くは、現在は市内の新市街や省都の昆明市に転居し、かつての自宅を観光業者（多くは漢族）に貸して家賃収入を得ている。2017年に愛知大学研究員の宗暁蓮《ゾンシャオリエン》が発表した論考によれば、麗江では「トンパ焼き魚」「トンパベーコン」「トンパ火鍋」「トンパマッサージ」など、どう考えてもナシ族の文化と関係がなさそうなものが「トンパ」の名前を冠して数多く商業化されているそうだ。

トンパ文字についても、カラフルな色彩が過度に強調されたり、「歩歩高昇」（どんどん出世）、「恭喜発財」（大儲けをお祝いします）のような中国語のことわざを強引にトンパ文字で表記した工芸品が売り出されたりしている。

それどころか、筆者がネット上で現地の写真を確認したところでは、習近平政権のスローガンである社会主義核心価値観を、わざわざトンパ文字で表記した中国共産党のプロパガンダ看板すら登場したようだ。

観光化と知名度向上の背後で

近代に入り衰退を続けていたトンパ文字は、麗江古城の観光開発によって「復活」した。

ただし、これは正確にいえば、観光スポットとして注目された土地にかつて存在した不思議な文字が、ナシ族自身の文化復興活動と地方政府を巻き込んだ観光利用によって外部からの好事家的な関心の対象になり、商業化されたことで知名度が向上した――ということである。

結果、トンパ文字やトンパ文化は、麗江古城で暮らしていたナシ族たちに経済的な豊かさをもたらした。

だが、このことはナシ族の伝統的な暮らしを決定的に変える要因にもなった。彼らは伝統的な家屋を離れて都市部に移り住み、その結果として土地のコミュニティに根付いていたトンパの文化や祭祀も往年のような形では継承されなくなり、トンパ文字は本来の宗教的な意味を失ってしまったのだ。

もちろん、開発や観光化による少数民族の文化の破壊は、中国に限らず世界各国で見られる現象だ。ただ、マイノリティの文化保存についての意識が低く、商業主義的な傾向が特に強い中国において、この問題はいっそう深刻な形で進行する。

近年、麗江古城では従来徴収されていた入場料が廃止されたり、バーの新規開業制限やネットカフェの営業禁止措置がなされたりと、過度の観光化にブレーキをかける動きも出ている。ただ、もともとの住民がいなくなり、すでに壊れた文化は簡単には元に戻らない。

かわいいトンパ文字の背後に、そんな寂しい現実が存在することは知っておきたい。

第7章　チワン族――「もっとも漢化が進んだ少数民族」

メダリストにして愛国的経営者

李寧《リィニン》という人物をご存じだろうか？

１９８０年代の中国の体操界の躍進を支え、「中国第一代体操王子」の通り名で知られた往年の名アスリートである。中国の国内大会で１０６回も優勝をさらったほか、各種の世界大会においても14回の1位を取った。なかでも、李寧のキャリアの最盛期だった１９８４年のロサンゼルスオリンピックでは金銀銅合わせて6個のメダルを獲得。中国の国民的英雄となった。４年後、１９８８年のソウルオリンピックで惜しくもメダルを逃したことで、この大会を最後に引退している。

ただ、現在の李寧は、30年以上前のアスリートとしてのキャリアよりも、中国を代表

図7－1　北京夏季五輪開会式での李寧
2008年（ロイター／アフロ）

する大企業の経営者としての顔のほうが有名だ。

李寧は引退から2年後、まだ市場経済体制に移行しきっていなかった時期の中国で、自分の名前を冠したリーニン（LI-NING）というスポーツアパレルメーカーを立ち上げる。赤いリボンが水平にはためくようなロゴマークがアメリカのナイキのマークとよく似ていたことで、かつては笑われることも多かったが、リーニンは地道に実績を積み上げて企業規模を拡大していった。当初はお世辞にも褒められたものではなかった製品の品質やデザインも、徐々に向上した。

２００８年夏の北京オリンピックにおいて、創業者である李寧が聖火リレーの最終ランナーを務めたことで、リーニンは中国の国民的企業としてのイメージを確立する。バドミントン、卓球、バスケットボールなどの中国代表チームとも盛んにスポンサー契約を結ぶようになった。

やがて2010年代に入り、往年のロス五輪の英雄を〝顔〟とするリーニンは若者から古臭いイメージを持たれ、いったん業績が低迷する。だが、同社はほどなく、習近平政権下の愛国主義イデオロギーの高まりのなかで20〜30代の若者層に広がった国産ブランド品の愛用ブーム「国潮熱《グオチャオルー》」に合致する商品を開発。「カッコいい国産ブランド」としての新たなイメージの獲得に成功し、復活を果たした。

現在、リーニンは中国国内に約6000拠点を擁し、2022年の売上高は258億元（約5542億円）を上回る。近年は日本でも国際的なスポーツアパレルメーカーとして認知され、特にランニング用スニーカーやバドミントン用品については、いまや中国に関心がない一般のスポーツ愛好者のあいだでも購買の選択肢に挙がっているようだ。

事実、現在のリーニンの2万〜5万円台のスニーカーは、ナイキやアディダスの製品と並べても遜色ないほどクールなデザインのものが多い。SNSを検索すると「リーニンのシューズを履いて東京マラソンに出た」といった一般のランナーの投稿がいくつか見つかるため、品質も高いようだ。

とはいえ、「国民的英雄」である創業者、2008年北京五輪の主役、国潮熱への同調と、リーニンは他の中国企業と比べても、現代の中華人民共和国のナショナリズムと親和的なエピソードが目立つ。さまざまな意味で、中国の経済成長や国力の強大さといったポジティブな面を象徴するブランドだといえるだろう。

だが、実はリーニンの創業者である李寧は、中国社会のマジョリティである漢族ではなく、少数民族の出身である。

1963年生まれの彼の故郷は、広西チワン族自治区（自治区名が長く、また清や中華民国時代の呼称は「広西省」とややこしいので、ここからは「広西」と書く）東部の柳州《リュウヂョウ》市付近、現在の地名でいう来賓《ライビン》市興賓《シンビン》区南泗《ナンスー》郷である。人口約2・1万人（2020年）の田舎町であるこの郷は、村人のほとんど（2010年の統計では約92％）がチワン族で占められる。もちろん、かつての李寧もその一人だった。

社会主義国家である中国では、スポーツの才能がある子どもが幼少期から選抜されて鍛えられる。本来なら学童年齢の児童に「給料」が支給され、仕事としてトレーニング漬けの日々を送るため、選抜に応じる子の多くは貧しい地域の子弟だ。李寧もまた、幼いころから身体能力が高く、8歳で広西の体操チームの小学生部門に入れられたことで競技人生を本格的にスタートさせた。

英雄が登場したためか、その後の広西からは体操選手として名を成す人が増えた。たとえば、アトランタ五輪の銀メダリストで1994年の広島アジア競技大会でも活躍した女子体操選手の莫慧蘭《モーフィラン》も広西出身のチワン族で、故郷が生んだ国民的スターの李寧にあこがれて体操を志したと伝わっている。ほかにも漢族を含めて、世界レベルの競技大会に登場する中国の体操選手が広西出身、というケースがしばしばある。

おそらく、中国南方の人たちの比較的小柄な体格が競技向きであることに加えて、李寧の「二匹目のドジョウ」を狙った広西の体育当局が選手の育成に力を入れたことが関係しているのだろう。

人口最多ながら、存在感が薄い

さて、そこでチワン族（壮族《ヂユアン》）である。

チワン族は約1957万人（2021年）の人口を擁し、これは中国の少数民族では最多である。彼らの約9割は中国南部にある広西チワン族自治区に居住しており、さらに同自治区と隣接する貴州省・広東省・雲南省などにそれぞれ数万～百数十万人が分布している。ちなみに中国における省クラスの民族自治区は、広西チワン族自治区のほか

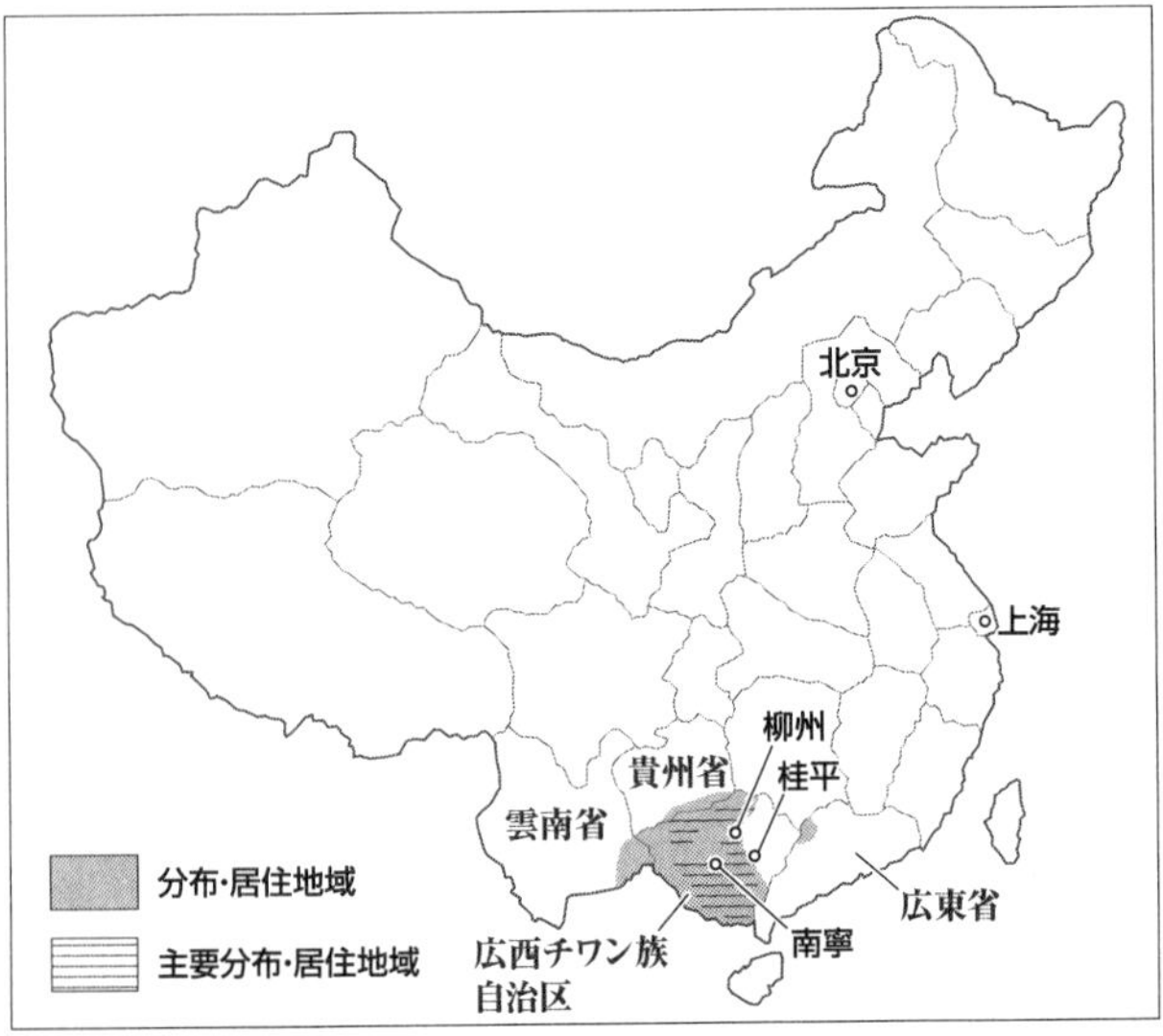

図7－2　チワン族の分布　『中国少数民族事典』をもとに作成

にチベット自治区、新疆ウイグル自治区、内モンゴル自治区、寧夏回族自治区の合計5地域だ。

広西チワン族自治区はベトナムと国境を接する人口約5013万人の地域で、首府は南寧《ナンニン》市だ。自治区内には美しい山並みで知られる世界的な観光地、桂林《グィリン》市を擁する。桂林については、人民元の20元札の裏側に描かれている漓江《リィジャン》の景観が有名だ。

ただ、山がちで交通が不便な土地であるため経済は低調であり、住民の一人あたりGDPは6408ドルと、中国に31ある省・自治区・直轄市のなかでワースト3位にとどまる。

広西のチワン族は、自治区内の西部・北部の山地や丘陵地に伝統的なコミュニティを残している。だが、南寧市や柳州市といった中部・東部の平野部や都市部でも、かなり多くの人たちが漢族と雑居する形で暮らしている。

自治区と隣接する広東省が経済的に裕福な地域であるため、故郷を離れて出稼ぎに行く人も多い。華南の大都市である広州や深圳《しんせん》に行くと、現地で出会うタクシー運転手やマッサージ師、飲食店員、工員などが実はチワン族だった……といったケースはかなり多くみられる。

これらの都市には日系企業も多く、現地に駐在したり複数回の渡航経験があったりする人は、おそらく自分でも気づかないうちにチワン族と接触している。実は彼らは、日本人にとってもっとも現実的な接点が多い中国の少数民族のひとつだと思われる。

だが、ニュースで話題になりやすいウイグル族やチベット族と比べて、チワン族のイメージがすぐに頭に浮かぶ人は決して多くないだろう。

その一因は、彼らが広州や深圳の街に完全に溶け込んでいるように見えるためである。チワン族は中国の少数民族のなかでも「もっとも漢化が進んでいる」とされる民族のひとつなのだ。彼らの外見的な特徴は中国南方の漢族とよく似ており、中国語（もしくは広東語）の通用度も高い。特に都市部の場合、ちょっと言葉を交わした程度の相手が漢族かチワン族かを判別することは、地元の人でもない限りは非常に困難だ。

彼らの固有の言語はチワン語とされるが、語彙には広東語を含む漢語（中国語）からの借用語が多い。チワン語は南北で大きく方言が分かれ、広西の首府・南寧市周辺で話される標準チワン語（邕北壮語《ようほくそう》）は北部方言に属する。南部の方言とは語彙や発音の違いが大きく、同じチワン語でもほとんど通じないという。

チワン語はタイ系諸言語の北方群に属するとされ、チワン族は広い意味ではタイ系の民族だ。中国の貴州省にいるプイ族（約287万人）や、国境を越えたベトナムに分布する少数民族ヌン族（約100万人）、タイー族（約180万人）なども同系とされ、特にベトナムのヌン族はチワン族とほとんど同じ人たちだとみられている。

かつては、チワン語を表記するために「方塊壮字《ほうかいそうじ》」と呼ばれる文字も用いられた。隣接するベトナムのチュノム（字喃）とよく似た造字法で作られた疑似漢字で、知識層や宗教指導者層の一部で使われていた。

また、中華人民共和国の成立から8年後の1957年には、アルファベットを使ったチワン語の正書法が確立した。だが、往年の方塊壮字はもちろんアルファベット表記も、一般人にはあまり普及していない。現代のチワン族の大多数が読み書きに用いるのは、もっぱら簡体字の中国語だ。

中国では、当局の宣伝を社会の末端まで届けるという動機もあって、少数民族言語を用いた出版物の刊行やラジオ（後にテレビ）放送がおこなわれている。チワン語についても、当局系の雑誌がわずかに出版されているが、そもそもチワン族でも読める人が限られているためほとんど存在感がない。

国営ラジオ局の中央人民広播電台（CNR）によるチワン語番組や、地元テレビ局の広西衛視によるチワン語のニュース番組も放送されているものの、番組数がすくなく地元での人気は高くないようだ。チワン族たちは母語の方言の差異が大きいいっぽう、大部分の人が中国語を理解できるため、コンテンツの量が圧倒的に多い中国語のメディアを好んで見ている。

チワン族は「省」レベルの民族自治区を与えられているとはいえ、チベット族などのように、過去に自分たちが建てた王朝や政権を長期間にわたって維持した歴史を持たない。近代以降、大日本帝国やアメリカなどの外国勢力から分離独立工作の対象にされた経験もない。

そもそも、彼らは1950年代前半に政府の民族識別工作のなかで「僮《チュアン》族」としてまとめられるまで、「ブー・ヨイ」「ブー・ノン」など、さまざまな自称を持つ20以上もの集団に分かれており、全体としてのまとまりはなかった（その後、自治区の成立を旗振りした周恩来の指示で、1965年に「僮族」の表記が「壮《チュアン》族」にあらためられた）。

中国の少数民族のなかには、モンゴル族とモンゴル国、朝鮮族と韓国・北朝鮮のように、国外にある同じ民族の国家と密接な経済関係や気持ちの結びつきを持つ人たちもいる。だが、チワン族の場合、タイ系の言葉を話すとはいえ、東南アジアのタイ王国との深い関係はない。言葉や文字も通じず、タイに特別な親しみを持つ人はほとんどいないようだ。

国境を接するベトナムとは交流が盛んで、ベトナム側にいるほぼ同族のヌン族とは交易や通婚関係などの結びつきもそれなりにある。ただ、国際ニュースのトピックになるほどの大きな動きはみられない。

中国の少数民族のなかで最多の人口を誇るにもかかわらず、チワン族の民族運動はほとんどない。中国からの分離独立をめざす動きも、現時点までは限りなくゼロに近い。

現在、自分自身が「中国人」であることに疑問を抱くようなチワン族は、ほとんど存在しないとみられている。

謎の「民族英雄」の短命王朝

そんなチワン族の歴史を、すこし掘り下げて見ていこう。

かつて、古代中国では長江以南に住む異民族をまとめて百越《ひゃくえつ》と呼んでいた。このうち、広東・広西やベトナム北部に分布して、漢民族の地方政権の南越国《なんえつこく》（前203～前111年）に支配されていた駱越《らくえつ》や、現在の浙江省付近で自立していたものの漢の武帝に平定された甌越《おうえつ》と呼ばれる人たちの子孫の一部が、チワン族の遠い祖先ではないかとみられている。

さらに時代が下って、唐代に広西付近にいた西原蛮《せいげんばん》や黄峒蛮《こうどうばん》、さらに北宋時代の広源州蛮《こうげんしゅうばん》（広源州は現在のベトナム東北部カオバン省付近）といった集団も、チワン族と関係があった可能性がある。

なかでも広源州蛮の儂《のう》氏は、唐代の初期から広西の最西部で割拠していた有力な豪族のひとつだった。彼らは漢文化の影響を強く受け、9世紀の初頭には中国の北宋とベトナム北部の新興国・李《り》朝とのあいだで巧みに立ち回る。

だが、やがて李朝の圧力が強まり、当主の儂存福《のうぞんふく》（儂全福とも）は中国側の北宋に従属して安全保障を得ようと図るが失敗。儂存福はやむをえず「長生国」という国を建てて自立し、昭聖皇帝を名乗ったが、李朝の討伐を受けて殺害された。

その後、儂存福の息子の儂智高《のうちこう》（１０２５～１０５５年？）はいったん李朝に服属したものの、父の敵である李朝への復讐に燃えて決起する。彼は何度も兵を挙げつつ、やはり安全保障を求めて中国側の北宋に何度か服属を申し入れたが、李朝との外交摩擦を嫌がる北宋からは拒絶された。そこで儂智高は１０５２年、５０００の兵を率いて北宋に攻め込んで邕州《ようしゅう》（現在の南寧市）を陥落させ、仁恵皇帝を自称して「大南国」を建国した。

儂智高はさらに東進して広西東部や広東西部の諸都市を落とし、やがて華南の大都市である広州を57日間包囲したものの、最終的に占領に失敗する。翌年、事態を重く見た北宋は名将・狄青《てきせい》を派遣。儂智高軍はあっさりと敗れ、大南国は1年と持たずに滅びた。儂智高は雲南の大理国に逃亡し、残された家族が処刑されて反乱は終わったという。

この儂智高が、厳密な意味でチワン族の祖先と呼べるのかは、いまとなってはなんとも言いがたい（もっとも、儂姓はチワン族に多い姓だ。また、チワン族とほぼ同族であるべトナムのヌン族は、漢字では「儂族」と書く）。しかし、わずか1年で消滅した地方政権・大南国の歴史は、中華人民共和国の建国後に脚光を浴びる。

広西チワン族自治区が成立した1950年代後半から、儂智高が「中国人」であり、かつチワン族の英雄だったとする説が盛んに主張されるようになったのだ。

文化大革命後には民族主義的な主張がある程度まで容認されるようになったこともあって、チワン族のエリートのあいだから、儂智高を「民族英雄」として持ち上げる動きも出るようになった。

さらに1979年の中越戦争で中国がベトナムと戦火を交えると、中国国内の学界からは、儂智高はかつてベトナムの侵略に対抗した「愛国的」な人物であると称賛する学説や、彼が蜂起後に広州を攻撃した行為を「祖国を分裂させた」と批判する学説が出るようになった。日本で平等院鳳凰堂が建立されたのと同じ時期の人物の行動が「愛国的」かを論じるのはナンセンスだが、中国における歴史は現代の政治問題と表裏一体なのだ。

さておき、前近代における中国最南部の少数民族の社会は、11世紀の儂智高の乱の鎮圧をきっかけに、本格的に中国王朝の支配下に入った。ほどなく、北宋の名宰相として知られた王安石《おうあんせき》のもとで「蛮夷《ばんい》」を漢化する方針が採用され、漢民族による開拓入植が開始される。

この時期、北宋に帰順した「蛮夷」たちは、文明の光のある場所にやってきた人間であるとして「帰明人《きめいじん》」と呼ばれ、ほどなく漢民族に同化した。とはいえ、中国王朝の支配に服さない人も、まだまだ多くいた。ちなみに「チワン」と音が通じる「撞《ヂュアン》」の名称が歴史書に登場するのは南宋（1127～1279年）の時代からである。

ウイグル族よりも400年「先輩」

近年の研究によると、チワン族の直接の祖先は明の時代、現在の地名でいう貴州省や湖南省、広西北部の辺境地域から広西全土に広がったとみられている。

14世紀後半、明の建国者である洪武帝（朱元璋）の時期に貴州遠征がおこなわれた際、戦火を避けて広西地方に逃げた人や、漢民族の開拓者地主の募集に応じて小作人になった人が多く出たことが、チワン族たちの移住の要因だったとも言われる。

明朝は中国本土の漢民族の土地では、中央の官僚を地方行政長官（布政使《ふせいし》）として派遣して直接統治する体制を敷いていた。だが、中国西南部の少数民族地帯を統治するにあたっては、現地の部族のリーダーを「土司」という官職に任命し、納税と軍事協力の義務を課すかわりに地域の支配を彼らに委任する間接統治体制を採用した。その前の元の時代から始まっていた制度を、明が整備した形である。広西の場合、おおむね西半分を土司たちに任せる体制がとられた。

もっとも、漢民族の人口と経済力、文化的な同化力は圧倒的である。チワン族の祖先たちが住む世界は、時代がくだるとともに経済的な搾取や漢化の波にさらされるようになった。

15世紀後半ごろからは、これに反発した「猺獞《ようどう》」、すなわちヤオ族やチワン族に相当する少数民族の武装蜂起が頻発する。なお、猺獞と現代のヤオ族・チワン族は完全に同じとはいえないが、彼らの祖先に近い人たちだ。

だが、猺獞たちの反乱はおおむね16世紀末までには鎮圧された。その後はむしろ、チワン族が漢民族の地主の小作人になる事例がいっそう増え、経済的な依存が強まった。また、広西では漢民族の移民が増加し、チワン族は平野部から周辺の丘陵地帯に追いやられた。

チワン族の伝統的な社会が比較的よく残っていた広西の北部・西部でも、明代後期から清の時代にかけて、土司を撤廃して漢民族の社会と同じような直轄支配にあらためる改土帰流《かいどきりゅう》の動きが進んだ。

意地悪な見方をすれば、チワン族の祖先はすでに400年ほど前に、現在のウイグル族やチベット族が直面している漢民族への文化的な同化や経済依存の段階を経験してきたと言っていい。

漢化と太平天国、文化大革命

文化人類学の用語には、中国の少数民族について「not Chinese」（中国人ではない人たち）と「not yet Chinese」（まだ中国人になっていない人たち）という表現がある。

すなわち「not Chinese」は、前近代まで漢民族の同化圧力にほとんど晒されていなかった人たちで、ウイグル族やチベット族などが代表的だ。彼らはそもそも漢民族とのあいだで伝統を共有しておらず、歴史のなかで直接的な支配下に入った経験もほとんどないため、現在でも自分が中国人であるとはなかなか考えられない。ゆえに中国支配への抵抗や分離独立の動きも活発である。

いっぽう、「not yet Chinese」は前近代の時点ですでに漢民族と同化しはじめ、その支配を自然なものとして受け入れるようになった人たちだ。こうした例は広西や雲南省の少数民族に多く、チワン族のほかナシ族やペー族、ヤオ族、トン族などはこちらに該当する。

（なお、第8章で紹介する客家《はっか》は、近代がはじまるギリギリの段階で「not yet Chinese」側の集団から漢民族に滑り込んだ人たち、広東人や閩南《びんなん》人〔台湾人の祖先〕、福州人などは前近代の段階で漢民族への同化が完了した先住民〔百越〕、という理解も可能である。）

さておき、チワン族の祖先は当初こそ漢民族への反発を示したものの、前近代から中国文化を受け入れはじめていた。明清時代には地域のエリート層を中心に、科挙（儒教の知識をはかる官僚登用試験）の合格者を代々輩出したり、族譜（漢民族のような父系の家系図）を整備したりと、文化的な面で漢化したチワン族たちも出るようになる。

自分たちのアイデンティティに関わる一族の歴史についても、中国北方の山東省などから広西まで南下した漢民族が自分たちの祖先である、といった言い伝えを持つ人たちが増えた。それらのなかでも多いのは、前出の儂智高の乱を討伐した狄青軍の兵士を先祖とする家伝だ。

漢民族との通婚も増え、特にチワン族の女性が漢民族に嫁いだ場合、子孫の多くは漢文化の影響を受けることになった（ただ、貧困層の漢民族のなかには、逆に「講壮話《ゴンジョンワー》」と呼ばれるチワン化した人々も存在した）。

清代後期の1851年、キリスト教系新宗教の拝上帝会の教祖だった洪秀全が、広西の桂平県金田村（現在の桂平市）で太平天国の乱を起こした際には、漢化したチワン族や、チワン族の血を引く漢民族が大量に反乱軍に加わっている。拝上帝会はこうした人たちのあいだで布教された宗教でもあったのだ。

太平天国の幹部層は、リーダーの洪秀全をはじめ、漢民族の方言集団である客家の出身者が多かったことで知られる。

だが、最高幹部である5人の王の一角を占めた北王・韋昌輝《いしょうき》が「講壮話」の漢民族だったほか、太平天国随一の名将とされる翼王の石達開《せきたつかい》も、客家人とチワン族のあいだに生まれたと伝わる。すくなくとも初期の太平天国は、貧しい広西の山奥にいた客家とチワン族の連合軍のような性質があった。

やがて20世紀になると、漢民族との接触が多い広西東部では、外見も生活習慣もほとんど漢民族と変わらなくなったチワン族が多くみられるようになった。中華人民共和国の建国後の民族識別工作の際にも、自分自身を「チワン語を話す漢民族」だと考えていて少数民族ではないと主張する人たちが多くいたという。

中国の近現代史においては、清朝末期の軍人から辛亥革命を通じて成り上がり広東・広西を支配する大軍閥を作った軍人の陸栄廷《ルーロンティン》、人民解放軍の開国上将（建国時の上将）として知られた韋国清《ウェイグオチン》、広西の古参共産党員の重鎮として長期にわたり君臨し、広西チワン族自治区人民政府主席をはじめ要職を歴任した覃応機《タンインジー》――。と、漢民族の社会で軍人や政治家として大成したチワン族出身の人物も多い。

また、広西の農村部ではかつて文化大革命期間中の1960年代末、批判闘争や武力抗争が過激化して虐殺が頻発し、中国の公式な統計でも10万～15万人が死亡、さらには加害者たちが被害者の死体を食べる事件（人吃人事件《レンチーレン》）も多く起きた。

広西出身で中国のリベラル派の歴史学者である秦暉《チンフィ》の論考によると、人吃人事件は広西の東部や南部の漢族が多い地域のほうが目立ち、必ずしもチワン族の「民族性」とは関係がないというが、すくなくとも一部の事件は漢化が進んだチワン族やその子孫も担い手だったと考えていい。

漢民族に同化し、体制とも近しい考えを持つようになったことで、政治的なイデオロギー闘争の当事者や被害者になった人も多くいたということだ。

チワン族企業とウイグル問題

最後に、本章の冒頭で紹介したチワン族出身の国民的英雄・李寧の話に戻ろう。

すでに書いた通り、彼が創業したリーニンの業績やブランドイメージは、２００８年の北京夏季五輪で最初のピークを迎えてからいったん低迷したが、やがて「国潮熱」を刺激する商品を次々とリリースして再復活した。

そして、リーニンは２０２１年にいっそう業績を伸ばした。この年の同社の純利益は前年と比べて１３６・14％増の約40・１億元（約７７４億円）、売上高も56・13％増の約２２５・７億元に達した。コロナ禍前の２０１９年と比べても３倍以上の大幅な増益を果たした形だ。業績の好調は２０２２年も続き、同年の純利益は約40・６億元、売上高は約２５８億元とそれぞれ過去最高額を記録。その後、中国経済が低迷するなかでも好調な経営を続けている。

その理由は、まず２０２１年については中国のコロナ封じ込め政策（ゼロコロナ、清《チン》零政策《リンヂェンツァー》）が成功し、その前年の行動自粛に対する反動として購買意欲が盛り上がったこと、人々の健康意識の高まりによってスポーツ用品の需要が増加したこと、中国社会でEC（電子商取引）がいっそう発達したために購買層が広がり、取引量も増えたことなどが挙げられている。また2022年についても、リーニンの企業見解としては、広告出稿やEC展開において最適な戦略を取れたことが大きいという。

とはいえ、理由はそれだけではない。

中国側の報道を読む限り、同社の業績の急上昇は、2021年3月に表面化した「新疆綿」の使用問題の影響も大きかったようだ。

これはウイグル族の人権侵害問題がBBCなどで大きく報じられて注目を集めたことで、欧米系のアパレルメーカーが相次いで新疆ウイグル自治区産の綿の不使用を表明した事件に端を発する。当時、行動を起こした各社には、ナイキやアディダス、アンダーアーマー、コンバース、ニューバランスなどスポーツ用品を多く取り扱う大企業が多数含まれていた。

いっぽう、中国の世論は人権弾圧の存在それ自体を否定する考えが強く、昨今の習近平体制下でのナショナリズムの高まりもあって、欧米企業の新疆綿の使用自粛に激しく反発する。結果、自粛アクションに参加した欧米企業に対する激しいバッシングとボイコット運動が発生し、なかでもアメリカの企業であるナイキがやり玉に挙げられた（ほ

図7-3　**広西チワン族自治区を視察する習近平**　2021年（新華社／アフロ）

かにアパレル業界ではH＆Mに対するバッシングが非常に激しかった）。

反面、中国国産のアパレルブランドに対する注目度が急上昇した。もともと「国潮熱」の流れに乗った製品で愛国的なイメージを打ち出していたリーニンは、欧米メーカーが新疆綿問題で失った需要を埋める形になり、ゆえに大きく業績を伸ばすことになった。

少数民族のなかでもっとも漢化が進み、現代中国の社会に適応したチワン族を創業者に戴く企業が、漢化に強い抵抗を示すがゆえに弾圧をこうむるウイグル族の問題で漁夫の利を得た構図は、なんとも皮肉と言うしかない。

一口に少数民族と言っても、それぞれの民族の歴史的経緯や、中国社会で置かれている立場はさまざまだ。「民族大団結」の美辞麗句とは大きく乖離した過酷な現実が存在するいっぽうで、あらゆる少数民族が悲惨極まりない差別や人権弾圧を受けているわけでもない。

中国の少数民族問題の、そんな多様な実情を確認させてくれる存在が、チワン族なのかもしれない。

コラム2

中国の民族識別工作と「民族にならなかった人々」

実態はさておき、中国共産党は「民族の平等」を主張し続けている。もともとは日中戦争中に、各民族と団結して抗日にあたる必要があったことや、少数民族政策への関心が低かった国民党に対抗する目的からおこなわれた主張である。また、少数民族の多くは国境地帯に分布することから、中華人民共和国の建国後は国防上の事情からも、彼らに対する一定の配慮と「国民」としての統合が必要になった。

だが、漢族と少数民族の権利を平等にするには、そもそも「少数民族」とはいかなる人々なのかを定義しなくてはならない。そこでおこなわれたのが民族識別工作である。1950年夏以降、中国政府は各少数民族地域に中央訪問団を派遣し、少数民族に中国共産党の政策を宣伝しつつ調査を進めた。

やがて１９５３年の人口統計のなかで、それまでのモンゴル族や回族・ウイグル族・チベット族・満族などの11民族に加えて、新たに27の民族が認められた（最終的には漢族を含めて56民族が認定された）。これと並行して、中国各地に少数民族の名前を冠した自治区・自治州・自治県・民族郷などを設置する民族区域自治政策も進む。すくなくとも建国当初の時点では、党の側にも少数民族を積極的に保護しようという考えがあったのだ。

もっとも、やがて社会主義建設の進展や文化大革命、さらに改革開放政策後の経済発展、習近平政権下での同化政策の強化といったさまざまな出来事を通じて、少数民族の自治や文化保護はしばしばないがしろにされてきた。その過程は本書の各章で紹介する通りである。

未識別民族

ところで、中国共産党の民族識別工作は、①共通の地域、②言語、③経済生活、④文化・心理的要素のそれぞれに共通性がある集団を「民族」とみなすという、ソ連のスターリンの定義に基づいている。

ただ、回族や満族のように、実際にはこの原則が厳密に適用されないケースがあることはすでに書いた。

そのため、逆にこれらの要素を満たしているように見えるのに、「民族」として認められない人たちも多くいる。第2章「回族」で登場した、海南島に住むチャンパーの遺民とみられる回輝人や、北宋の首都の開封に存在したユダヤ人コミュニティの末裔とされる「開封のユダヤ人」（猶太人《ヨウタイレン》）などがそうだ。

2021年の人口統計によると、こうした未識別民族（未定族称人口《ウェイディンヅゥチェンレンコウ》）は約83・6万人と、無視できない人数にのぼる。その9割以上は貴州省に集中しているとされる。

未識別民族の存在は中国国内でもタブーではないため、雑学的な読み物のなかで取り上げられることも多い。以下、上海の大手ネットメディア（地元紙『東方早報』系）『澎湃新聞』をベースに、おもな未識別民族六つを紹介していこう。

【八甲人《バージャアレン》】雲南省西双版納《シーシュアンバンナー》タイ族自治州勐海《モンハイ》県勐阿《モンアー》鎮に約1500人が暮らす。八甲語《バージャアユィ》という固有の言語があるが、タイ族の言葉と近く相互の意思疎通も可能だという。身分証のうえでの民族区分は、タイ族やプーラン族になっている。

宗教は民間信仰で、春節（旧正月）の年越しの際には鶏を殺して祖先に供える。また、土葬の風習がある。名前は漢民族と同じような2〜3文字名だが、捧《バン》・刀《ダオ》・羅《ルオ》など変わった姓の人たちも多い。外界との往来がまれな山奥に住んでおり、人々の生活は貧しいという。

【菜族人《ツァイズゥレン》】　貴州省の山岳地帯に１７０人ほどが暮らす。中国語を話すため、民族区分は「漢族」になっている。一部では1日4食の習慣があり、昼食と夕食の間の時間に軽い食事を摂るという。『澎湃新聞』や中国のウェブ百科事典『百度百科』では、彼らが新石器時代に暮らしていた人類の末裔だと書かれているが、具体的な根拠は示されておらず詳しいことは不明である。

【僜人《ダンレン》】　チベット自治区南部のマクマホン・ライン（中印両国の国境未確定地帯）付近に約２０００人が暮らすほか、国境の向こうのインドなどにも分布している模様だ。「タラン」（達讓《ダァラン》）や「クマン」（格曼《ガァマン》）と自称し、かつて祖先が鷹と通婚して生まれたという伝承を持つ。

チベット・ビルマ語族の僜語《ダンユィ》という固有の言語を話し、タラン系とクマン系では言葉が違う。文字はなく、かつては木に刻んだ目印や縄の結び目で記録をおこない、棒や木の枝を置くことで時間を認識していたらしい。牛が主要な財産とみなされ、結婚の際に女性の実家に贈る習慣があったほか、軒下に多くの牛の頭蓋骨を吊るす家ほど豊かとみなされ尊敬されたという。

僜人は山奥に住んでおり、チベット人からは「野人」などと呼ばれて差別の対象だった。『澎湃新聞』によると、2008年に旅人が僜人の集落を訪ねた際には、彼らは非常に原始的な焼畑農業や狩猟方法で暮らしており、木に刻んだ目印や縄の結び目を用いた記録方法をいまだに続けていたという。

もっとも、近年の中国国内の動画サイトやニュースを見ると、中国国家が僜人の住宅を建設したり、金銭面での生活保障を実施したりしている様子が確認できる。彼らの社会も変化のときを迎えている模様だ。

【革家人《ガァジャーレン》】 貴州省黔東南《チエンドンナン》ミャオ族トン族自治州黄平《ホアンピン》県に約6万人が住む。本来は「人偏《にんべん》に革」の表記が正しいが、パソコンで表示されないため近年は「革」と書くほうが多いようだ。もともと空に10個あった太陽のうち9個を弓で射落としたとされる古代中国神話の英雄・羿《げい》の子孫とする伝承もある。

彼らは清朝の咸豊《かんぽう》年間（おおむね1850年代）に黄平県に移住したとされ、歴史は意外と新しい。すでに漢化しており言語は中国語を使っているが、一部の高齢者は彼らの言語である革語《ガァユィ》の語彙を知っているという。

【蔡家人《ツァイジャーレン》】貴州省の畢節《ビージェ》市・六盤水《リョウパンシュイ》市・安順《アンシュン》市、雲南省の昭通《シャオトン》市の区部と同市の管轄下の彝良《イィリャン》県・鎮雄《ヂェンション》県などに約4万人が分布する。中華人民共和国の成立直後から「民族」としての認定を求めているのに認められていない集団である。

蔡家人は春秋時代の蔡国の末裔を主張し、言語も現在は標準中国語（普通話）を日常的に使う。ただ、蔡家話という古代中国語との共通語彙を持つ言語を伝えているとされる。

【摩梭人】（モソ人）雲南省麗江市寧蒗イ族自治県と、四川省涼山イ族自治州塩源県・木里県の間に広がる瀘沽湖のほとりに住む。人口は4万人前後で、身分証のうえでは雲南のグループがナシ族（第6章「ナシ族」参照）、四川のグループがモンゴル族となっている。ナシ族と同じく古代の羌人の末裔だとする伝承があり、言語もナシ語、宗教はチベット仏教とダバ教という民間宗教だ。

モソ人の最大の特徴は数世代が同居する母系社会を営んでいることで、「走婚《ゾウフン》」と呼ばれる通い婚の風習が有名だ。女性は成人すると自分の個室を与えられ、夜に通ってくる男性と結ばれるが、結婚はしない（子どもはすべて女性側の家で育てられる）。

2017年、中国新聞網が四川省塩源県モソ博物館館長・何廷《ホォティンジュン》軍の談話を報じたところでは、すくなくとも現地のモソ人のあいだでは現代でも7割程度が走婚をおこなっている。何廷軍によれば、彼らの走婚は決してワンナイト・ラブの乱れた男女関係を意味するわけではなく、生涯で1人の相手としか走婚をおこなわないカップルも多いそうである。

子作りにあたって異性が接する動機が愛情のみで、男女双方の経済的な事情を考慮せずに子孫を残せると考えれば、モソ人の走婚はなかなか賢いシステムだともいえそうだ。

人口「80万人」の未識別民族

ほか、中国のウェブ百科事典『百度百科』の「中国未識別民族」の項目や中国国内のネットニュースの記事を見ると、海南省に住むタイ・カダイ語族の言語を話す臨高人《リンガオレン》は約80万人、貴州省に住む少数民族化した漢民族の一団とされる穿青人《チュアンチンレン》は約67万人、中国雲南省からベトナム・ラオス・タイにかけて分布するという克木人《クームーレン》は約44万人、湖南省西部の山岳地帯に住み独自の言語を話す瓦郷人《ワァシャンレン》は約40万人……などという話もある。なお、臨高人や穿青人は身分証の上では漢族、克木人はプーラン族、瓦郷人はミャオ族・漢族・トウチャ族などにそれぞれ編入されている。

臨高人や穿青人らの人数を合計すると、中国政府が統計上で発表している未識別民族の人口を大きく上回る。いずれの数字が正しいのか（もしくはすべてが間違っているか）は判断しがたいのだが、中国では相当多くの人たちが、公式の民族区分とは異なるアイデンティティを持っているらしいことは確かだろう。

中国政府は１９８２年のジーヌオ族を最後に、新たな少数民族の認定を停止したため、今後も未識別民族の人々が自称する通りの民族区分を与えられる可能性は低い。

ただ、公的な身分証のなかでモソ人に「ナシ族（モソ）」という記載が許されていたり、穿青人が「穿青人」と書くことを許されていたりと、名乗りが許されているケースもあるようだ。

第8章　〝客家〟――「東洋のユダヤ人」の虚構と実態

中国方言の世界

「中国語ができるって、北京語と上海語のどれを話せるの？」

日本ではときおり、年配の人からこうした質問を受けることがある。現代中国では標準中国語の普通話さえ話せれば、全国ほぼどこでもコミュニケーションが可能だが、いまなお世間の誤解は大きい。

誤解の一因は、戦前・戦中期の日本の軍人や商人を悩ませた「方言」の記憶もあるのだろう。すなわち、標準語が普及するまで中国各地の庶民のあいだで日常的に話されていた口語のことである。

日本語の関西弁や博多弁とは異なり、中国語の方言は中国人同士でも意思疎通がほぼ不可能なほど発音や表現の差異が大きい。たとえば北京語と広東語の話し言葉は、英語とドイツ語くらいの差があるとはよく言われる話だ。

中国の社会で方言が急速にすたれたのは、経済発展とマスメディアの普及が進んだ最近30年ほどである。それ以前は、特に福建省や広東省など華南地域の各省の場合、街ひとつ違うだけで言葉がまったく通じないこともあった（ただし、異なる方言でも書き言葉はほぼ同一である）。

日本の中国語辞書では、中国の方言を官話《かんわ》・呉《ご》・湘《しょう》・贛《かん》・閩《びん》・粤《えつ》・客家《はっか》の七大方言に分けていることが多い。

このうち、官話方言は王朝時代の官僚言葉に由来する。現代の標準中国語と比較的近く、話される地域は中国の北部・西部の大部分を占める（北京の下町で話される官話方言の一種が、狭義の「北京語」である。日本でいう江戸弁に相当する）。

他の方言も、上海語を含む呉方言、台湾語（閩南語）を含む閩方言、広東語を含む粤方言が比較的有名だ。特に広東語は香港で使われる言葉なので、1990年代の香港ブームの時代には、日本でも女性を中心に学習者がそれなりに多くいた。ほかに湘方言や贛方言も、それぞれ湖南省付近や江西省付近の言葉である。

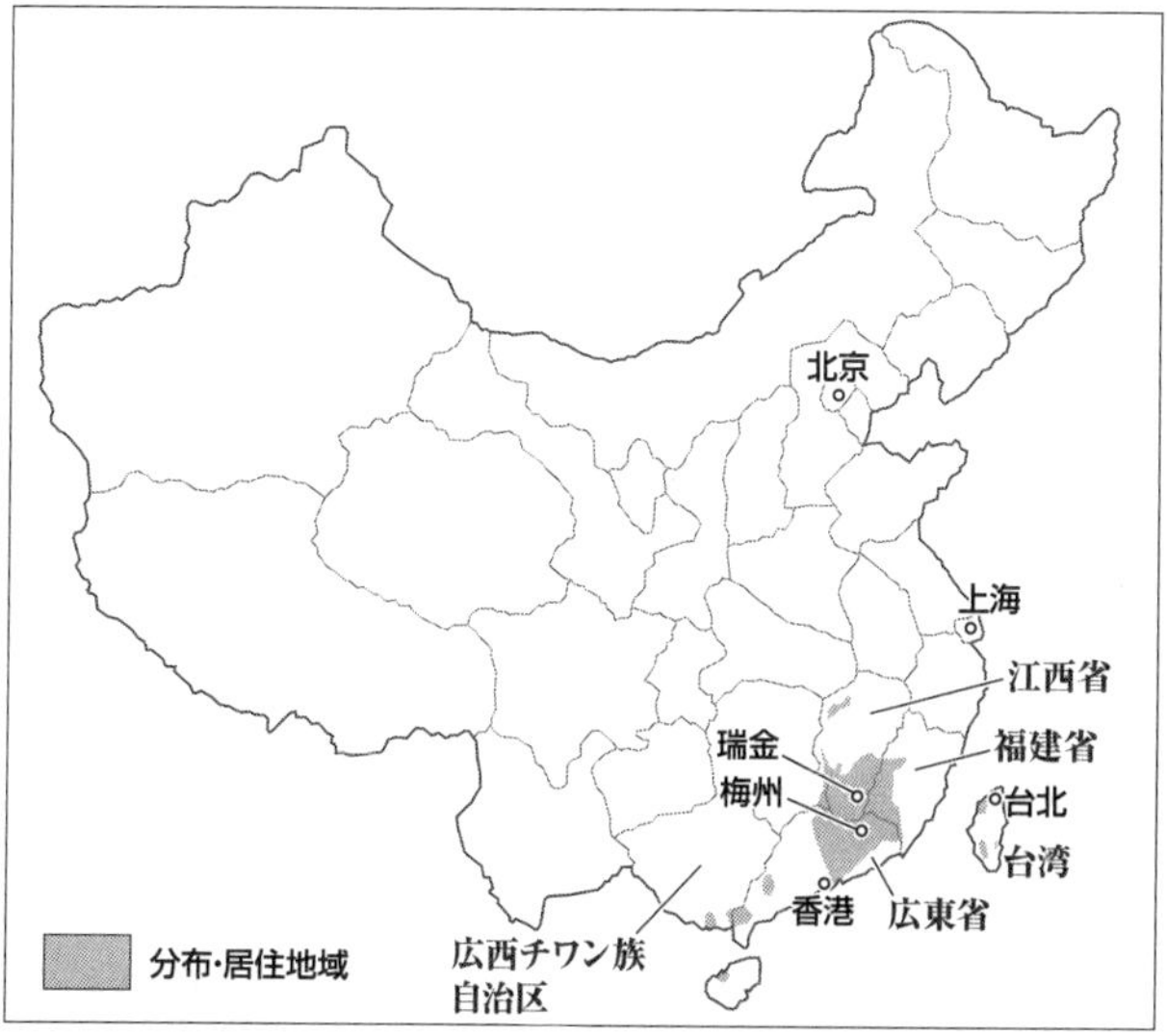

図8-1　**客家語話者の分布**　地図では反映されていないが、ほかに四川省にも移住者のグループがいる

いっぽう、七大方言のなかで唯一、地名がついていない方言が客家方言（客家語、客家話《クージャーホア》）だ。「客家」は地方の名前ではなく、言語・文化・歴史などで他の漢族とは大きく異なる特徴を持つとされる、漢族の内部のグループである。

客家系の人々は、福建省・江西省・広東省の省境の山岳地帯に多く住む。なかでも、一族数百人が集住する例もあった巨大な円形多層住宅（客家円楼）で知られる福建省龍岩《ロンイエン》市や多くの客家系華僑の故郷である広東省梅州《メイヂョウ》市が、文化的な中心地だとみなされている。

清代以降、他地域への移住が活発になったことで、台湾の新竹《シンヂュー》・苗栗《ミャオリー》・屏東《ピンドン》などの各地や広東省の珠江《ヂュージャン》デルタ一帯（広州や深圳など）、香港の新界《しんかい》、さらに広西チワン族自治区や四川省にも客家の分布が見られる。海外移民も盛んで、客家は北米・南米や東南アジアなど各国の華人コミュニティで存在感がある。なかでもタイ南部のハートヤイ（ハジャイ）やマレーシアのボルネオ島にあるサバ州、南米のスリナムなどは客家系の華人住民が非常に多い地域だ。

客家の人口は中国本土に数千万人、台湾に約467万人、香港に約100万人、マカオに約10万人ほどいる。海外の華人社会を含めると、諸説あるが全世界で6000万～1億人程度である。

ただし、客家は「民族」とはみなされていない。彼らはあくまでも漢民族の一部とされ、「方言集団」や「族群」（エスニック・グループ）などの呼称で定義されるのが普通だ。なにより、客家の多くが自分自身を正真正銘の漢民族であると考えている。彼らを別の「民族」として扱った場合、気分を害する当事者も多いだろう。

なので、中国の少数民族を扱う本書で客家を取り上げるのは、厳密に言えば不適切だ。

ただ、そもそも現代中国の民族区分それ自体が非常に粗雑であることは本書でここまで見てきた通りで、中国にはさらにさまざまなエスニック・グループが存在する。

それらのなかでも、客家は現代中国における「漢族」と「少数民族」の線引きを考えるうえで非常に面白い存在であるうえ、世間で誤解されがちな人たちだ。そこで、あえて取り上げてみる次第である。

通説「客家特殊論」のあやうさ

1990年代前半ごろ、客家は日本でちょっとしたブームになった。

当時の中華世界のリーダーだった中国の鄧小平、台湾の李登輝、シンガポールのリー・クアンユーがいずれも客家系の出自とされ、注目を集めたからだ。また、かつて太平天国の乱を起こした洪秀全、辛亥革命の中心となった孫文、人民解放軍の元帥である朱徳《ヂューダァ》などの著名な革命家が、すべて客家であるとする話も有名になった。

こうしたエピソードが人口に膾炙《かいしゃ》した情報の出所のひとつが、1991年に刊行されてベストセラーになった高木桂蔵『客家　中国の内なる異邦人』（講談社現代新書）である。同書で描かれた、国際政治や経済を裏側から動かす「血のネットワーク」を持つミステリアスな民としての客家のイメージは、現在もそれなりに広く知られている。

当時から日本に定着した、通俗的な客家のイメージをあらためてまとめておこう。

伝承のうえでは、客家は古代、中華文明発祥の地である黄河流域の中原《ちゅうげん》の民だったとされる。だが、西晋時代に永嘉《えいか》の乱（311年）から逃れるために南方に向けて移住を開始し、その後も政治混乱や北方異民族の圧迫を避けるなかで、華南の山岳地帯に移り住んだとされる。

ゆえに、客家は古代の中原文化を現代に伝えるめずらしい存在だとされる。彼らが話す客家語も、標準中国語が北方異民族の侵入によって変質したのに対して、古い中国語が化石のように残った言葉だとされる。また、客家は古代の言語を守り抜くことに強いこだわりがあり、たとえ見知らぬ土地でも言葉が通じる仲間を容易に見つけ、ネットワークを築けるとされる。

千数百年前の祖先の故郷を慕い、同胞との団結意識に富み、多数の成功者を輩出して中華圏の政財界をひそかに動かす客家は、「東洋のユダヤ人」さながらだとされる。彼らに政治家や軍人が多いのは、客家がひときわ教育を重視し勤勉で、愛国心が強いからだとされる。

図8-2 **福建土楼** 福建省龍岩市永定県の初渓土楼群。世界文化遺産。円形の土楼は往年の米中冷戦期、衛星写真を見たアメリカ側がミサイルのサイトと誤認したという逸話がある（アフロ）

客家は円形の土楼のような特殊な住居に住み、犬肉を好んで食べるなどの特異な食習慣や、女性が農作業をする際にかぶる黒い日除け帽子の「涼帽《りょうぼう》」などの独自の服装を伝えている。すなわち、他の漢族とはまったく異なる特徴を数多く持つ集団とされる――。

「される」が何度も出てきて、読者はうんざりしただろう。

もちろん、私がこうした書き方をするのは理由がある。

実はこれらの話の多くは不正確で、学術的にも否定されているからだ。日本で一般に知られる客家のエピソードの大部分は、事実関係が明確ではなかったり、客家に特有ではない（もしくは客家のごく一部にしか当てはまらない）特徴を大げさに強調したりしたものにすぎない。

「血のネットワーク」の実態

従来のイメージの誤解を解きつつ、客家の実態に迫っていこう。

まずは革命家や政治家を輩出したとされる「血のネットワーク」だが、そもそもの話として、一般に客家だとされる著名人には、自分自身では客家だと思っていないか、ほとんどそのルーツを意識していない人がかなり多く含まれている。

たとえば、孫文や鄧小平が客家の血を引いていたという俗説だ。

孫文の場合は、すこし客家語がわかったという噂に近い話もないではない。だが、前近代の広東人の場合、商業活動などの必要から、母語の広東語と標準中国語以外の方言（潮州語や客家語など）をある程度話せる人はまったくめずらしくない。

孫文の日常言語は広東語であり、両親の世代も含めて客家語で生活していた形跡もなければ、客家のコミュニティに同胞の人脈を持っていた事実も確認されていない。彼の故郷（現在の広東省中山《チョンシャン》市翠亨《ツイヘン》村）も客家の村ではなく、仮に祖先の誰かに客家系のルーツを持つ人がいたとしても、孫文自身はほとんど意識していなかっただろう。

さらに鄧小平になると、客家語を話せたという話さえも伝わっていない。そもそも、鄧小平は四川省の故郷（現在の四川省広安《グアンアン》市牌坊《パイファン》村）を16歳で出てから、92歳で死ぬまで一度も村に帰らず、祖先のルーツどころか実の両親に対してすら疎遠な人物だった。仮に祖先が客家系だったとしても、鄧小平は言語や生活習慣が完全に四川化していたうえ、その故郷や実家すら捨てているのだ。

図８－３　**孫文の部屋**　アメリカのサンフランシスコのチャイナタウンにある伝統的な華人秘密結社・五洲洪門致公総堂の本部内に現在でも残されている。2022年11月、筆者撮影

いっぽう、リー・クアンユーや李登輝は客家系のルーツを持ち、各人もそれを認めていた。だが、両者はそれぞれプラナカン（マレー化した華人）と福佬《フゥラオ》客《クー》（閩南化した客家）の家庭の生まれだ。いずれも、引退後も盛んにメディアの取材に応じるような多弁な政治家だったにも

かかわらず、客家のアイデンティティを強調するような言動はあまり伝わっていない。それどころか、シンガポール人であるリーについては一生を通じて「中国人」という自己認識すらもかなり弱かったと思われる。

彼らは大英帝国や大日本帝国の植民地エリートだったので、リーの母語は英語とマレー語、李登輝の場合は台湾語と日本語だ。「古代の言語を守り抜く」はずの客家の末裔にもかかわらず、両人とも客家語はほとんど話せなかった模様である。

鄧小平はそもそも客家だったか疑問が大きく、リー・クアンユーと李登輝も客家の意識は薄かった。となれば、客家の「血のネットワーク」の同胞意識が中華圏の政治に影響を与えているという話は根本からして怪しくなってくる。

もちろん、客家かそれに近い出身だった革命家や政治家も多くいる。たとえば洪秀全は客家とみられ、太平天国の乱の初期の幹部や兵士にも客家系の人たちがかなり多かった。また、人民解放軍の「建軍の父」朱徳も四川省東部の客家の子とされ、紅軍を率いて広東省の梅州付近に進駐した際に客家語でスピーチしたエピソードが伝わっている。人民解放軍の重鎮だった葉剣英《イエジエンイン》と、その子で広東省長になった葉選平《イエシュエンピン》も梅州出身の客家だ。

ただ、近現代中国の政治変革の震源地になった南方における客家の人口比率がそれなりに高いことや、当時の客家が比較的貧しく、反乱や軍事行動に加わりやすかったことを考えれば、これらについても「血のネットワーク」以外の常識的な説明は可能である。

客家伝説の巨大な虚構

客家が、他の漢族とは大きく違った文化を持つという話も、実は怪しいものが多い。たとえば、客家の伝統家屋とされる円形の土楼は、実は福建省の一部だけで見られ、他地域に住む客家の大部分は過去の時代を含めてこうした家には住んでいない。いっぽう、福建省では客家以外の漢族も同じような建物に住んでいる例があり、実は円形の土楼は客家に固有の文化ですらない。

客家の女性に固有の服装とされる「涼帽」も、香港の新界など一部の地域でしか見られない風習だ。いっぽう、往年の新界付近では客家以外の人がかぶっているケースもあった。

食文化については、客家料理（客家菜《クージャーツァイ》）という料理のジャンルは存在するが、製法や材料が他の中華料理と大幅に違うわけではない。犬肉については他の華南の漢族にも食べる習慣がある。客家の全員が共有しているが他の漢族にはみられないような「固有の文化」は、意外なほどすくない。

また、勤勉で上昇志向が強いという客家の特徴は、華人（もしくは日本人や韓国人も含む東アジア人）の移民全体についても指摘される話である。客家はもともと貧しい山岳地帯で暮らしていた民が多い。経済的に劣位の地域から立身出世を果たすために、勉強（科挙の受験）や運動（軍隊への参加）や商売を人一倍熱心におこなう人がいたのは、考えてみれば当たり前の話だろう。客家以外の出身者でも、同じ境遇のなかでがんばる人はいるはずだ。

「東洋のユダヤ人」という異名についても、実は広東省東部の潮汕《ちょうせん》人や福建省中東部の莆田《ほでん》人、浙江省南部の温州《おんしゅう》人など、別の漢族の方言集団にもそれぞれ同じあだ名がある。明清時代の中国南方の沿海地域に住む人たちは、客家に限らず海外への出稼ぎに熱心で、世界中にコミュニティを作ってきたからだ。

いっぽう、一族の祖先が中原で暮らしていたという話は、確かに客家のあいだで言い伝えられている。

ただし、実はこちらも広府《こうふ》人や潮汕人・閩南人・福州人（それぞれ、広東語・潮州《ちょうしゅう》語・閩南語・福州語を話す方言集団）など、華南の他の漢族にも似たような伝承がある。

たとえば、私が2014年春に広東省東部の掲陽《ジェヤン》市郊外で取材した李と劉というふたつの宗族（父系の血縁集団）は、長年にわたって隣村同士で対立し、この年の春節（旧正月）にも武力抗争（械闘《かいとう》）をおこなっていた。現地で長老の話を聞いたり族譜（一族の歴史書）を見せてもらったりしたところ、李一族は唐の李世民の末裔で約600年前に現在の場所に村を作り、劉一族も蜀の劉備の末裔（つまり前漢の皇帝の末裔）で約400〜500年前にやってきたと主張していた。

この李一族と劉一族はどちらも客家ではなく潮汕人だが、祖先は都の長安にいた名族で、その後に南方に下ってきたという言い伝えを持っているのだ（もちろん、当事者がそう信じていることとそれが歴史的事実であるかは別の話である）。

ほかにも華南の各地や海外のチャイナタウンには、宗族の祖先を祀った家廟《かびょう》という施設がたくさんあるが、伝えられている一族の歴史はたいてい「先祖は中原から来た」というストーリーである。さらにチワン族（第7章）など一部の少数民族にも、祖先が中原の漢人だったとする伝承がある。

日本人の多くが、祖先をたどれば源平藤橘の名家につながると（客観的な根拠はなくても）考えているのと同じく、華南の中国人は、客家系かどうかを問わず祖先のルーツを中原に求めがちなのだ。

客家の場合、特定の土地を経由したとする伝承が多いなど一定の特徴もある。だが、伝承の基本的な建て付けは他の華南の漢族と大きくは違わない。

客家語は古代漢語の化石？

言葉についても説明しておきたい。

実は「古い中国語」の化石は客家語だけではない。

言語は一般に、中央から離れた地域の方言ほど古い表現や発音が残る傾向があるからだ。これは方言周圏論といい、たとえば日本の場合でも、琉球語や東北地方の方言に古語の発音や単語が残っている例はめずらしくない。

なので、華南の漢族の言葉は、客家語だけではなく広東語や閩南語も含めて、文法や発音に古代漢語のなごりが数多く残っている。香港人から「李白の漢詩は広東語で読んだほうが唐代の音に近い」と自慢されるのは、現地にある程度滞在した経験がある人なら「あるある」の話である。

客家が本当に中原の民の末裔かは、学術的に決定的な結論は出ていない。ただ、華南に住む他の漢族と同じように、前近代において現地の百越（チワン族など少数民族の祖先）と北方系の漢民族が混ざり合って成立した集団だと考えるのが妥当だろう。華南は中国本土のなかでは開発が遅かった地域で、宋代から明清時代にかけての長い時間をかけて漢民族が徐々に開拓を続けていった土地なのだ。

そのため、華南の方言はかつての百越の言語の影響も残っている。たとえば客家語の場合、「頭」「抱く」「乳房」「投げる」「カエル」など多くの語彙が、漢語ではなくチワン語やショオ語など南方の少数民族の言語と類似点があるという。広東語のなかに「古百越語」（百越の言葉）が残っていることも、すこし広東語を学んだことがある人なら知っている話だ。

ちなみに、ここで興味深いのがショオ族である。彼らは政府の民族識別工作で56民族のひとつに認定された人口70万人ほどの少数民族だが、人名や言語・生活習慣などのさまざまな面で漢化がいちじるしい。

ショオ族は浙江省南部から福建省・広東省東部にかけての山岳地帯に分布し、その居住地域は客家と重複する土地が多い。しかも「少数民族」にもかかわらず、彼らの大部分は畲話《シェーホア》（山哈話《シャンハーホア》）という、客家語とほぼ同じ言葉を話す（ショオ族にはこれ以外にショオ語〔畲語《シェーユィ》、活聶《フオニエ》〕というミャオ・ヤオ語族の言語もあるが、限られた地方でだけ使われ、話者数も少ない）。

ショオ族のなかには、民族識別工作で「漢族」に分類されたのに少数民族として申請をおこなった人や、逆に「ショオ族」とされたのに自分は漢族の客家だと思っている人も多くいるとされる。客家と少数民族の境界線は、実際はかなり曖昧だ。

いっぽう、他の漢族と客家の境界線も不明確である。たとえば広州市の衛星都市として知られる広東省の恵州《フィヂョウ》市は、客家が多いとされる街だが、現地の方言は客家語と広東語（粤方言）が混じったような言葉だという。客家と他の集団を明確に区分し切ることは難しい。

歴史や言語の話をながながと書いてしまったが、他の漢族と比べて客家が際立って特殊な存在とはいえないことは、すでにおわかりだろう。

広東人と客家人の「内戦」

俗説的な客家のイメージを、本物の客家に話すと普通は失笑される。海外のマイナーな集団について、現地の他のグループと比較する視点を持たずに面白おかしく紹介してしまった、往年の日本国内の言説の責任は大きい。

しかし、特殊な「東洋のユダヤ人」が国際政治や経済を動かしているという怪しい説は、近年さらに大げさな話に変わり、一部で脚光を浴びるようになった。コロナ禍やアメリカ大統領選の混乱を背景に、世界が超政府的な支配集団「ディープ・ステイト（DS）」に牛耳られているとする陰謀論が盛んになるなかで、日本の陰謀論者の一部が客家陰謀論を唱えはじめたからだ。

詳述は控えるが、客家陰謀論は「李家《りけ》陰謀論」という、李姓の人々が結託して世界支配を狙っているとする陰謀論と結びつき、ネットには「李姓＝客家＝イルミナティ13血族」によって日本が支配されているという、頭が痛くなるような話もたくさん書き込まれている。

念のため書いておけば、「李」は漢字文化圏で非常にポピュラーな姓で、李さんは中国国内だけで1億人以上いる。そのため、国家や財界の上層部に李姓の人が多いのは、人口比から考えて当たり前だ。だが、荒唐無稽な陰謀論に、中国南部の方言集団が結びついて語られるようになったそもそもの理由は、往年の日本で怪しげな客家イメージが流布されたせいである。

とはいえ、１９９０年代に俗説的な客家のイメージが日本で広がった背景には、客家の側にも多少の〝責任〟があった。

過去に客家のエリート自身の手で「客家特殊論」が意識的に宣伝されてきた事実があるからだ。背景にあるのは、清朝末期から福建省や広東省で激しくなった客家に対する差別である。

歴史上、客家の祖先は、15世紀ごろまでに福建・江西・広東省の省境地帯に移住したとみられている。その後18世紀ごろから、彼らは広東・広西地方の平野部にも進出しはじめた。

やがて19世紀なかば、広州の花県《か》出身の客家とされる洪秀全が拝上帝会というキリスト教系の新宗教を作り、広西省（当時）の山岳地帯の客家たちに布教。やがて教えを軸に、困窮していた客家やチワン族が蜂起して太平天国の乱を起こす。いっぽう、太平天国の混乱に乗じて、１８５４年に広東省の珠江西岸の四邑《しゆう》地域（現在の江門《ジャンメン》市付近）で秘密結社の天地会の反乱が発生した（拙著『現代中国の秘密結社』も参照）。

このとき、現地の平野部には、広東語系の言葉（台山話）を話す先住グループ「本地人」がおり、後発の移住民は「客民」と呼ばれていた。当然、耕作に適した場所は本地人が先に占有していたので、客民（客家）は条件が悪い場所を開拓せざるをえず、経済的にも立ち遅れた。ほかにも科挙の受験資格などをめぐって、客民は広州の広府人や現地の本地人に対して不満を抱く環境があった。

そうしたなかで起きた天地会の反乱に際して、清朝は客家の義勇軍（客勇《きゃくゆう》）を起用して鎮圧させた。だが、日頃の恨みが貯まっていた客勇軍は、混乱にまぎれて天地会軍だけではなく本地人の集落を襲撃しはじめた。対して本地人も反撃のために蜂起して客家の村を襲い、四邑地域の全体を巻き込んだ大規模な武力抗争「広東土客大械闘」に発展した。

械闘とは武器を使った殴り合いを意味する言葉で、本来は村同士の争い程度のものが多い。だが、この土客大械闘は期間12年、9県の範囲におよび、正確な犠牲者数は不明ながらも数十万人以上が戦いに巻き込まれたとみられた。

やがて不利になった客家の一部が天地会軍と手を結んだり、政治的発言力が強い本地人が清朝に客家を中傷する情報提供をおこなったりしたことで清軍の介入を招き、情勢は泥沼化する。

この「内戦」が現在あまり知られていないのは、同時期に太平天国の乱やアロー戦争などの大事件が集中したことも関係している。客家と本地人は最終的には和解したものの、お互いに隣人を殺し合ったことで生まれた感情的なしこりは根強く残った。

似たような対立は、移民社会だった清代後期の台湾でも起こり、福建省南部の泉州や漳州《しょうしゅう》から来た閩南系のグループと、広東省北東部などから来た客家のグループがしばしば武力衝突した。

台湾における泉州人や漳州人と客家の械闘は「分類械闘」と呼ばれ、19世紀末に台湾が日本の植民地に組み込まれるまで散発的に続いた。ちなみに、分類械闘は閩南系グループと客家だけの反目ではなく、泉州人と漳州人が対立するケースもあり、さらに原住民まで巻き込んで戦いが繰り返された。

他の漢民族グループとの反目を通じて、少数派の客家は団結心や被害者意識を強めることになった。いっぽう、多数派の閩南人や広東人のあいだでも客家に対する差別感情が高まり、その影響は20世紀前半まで尾を引いた。なかには、客家は少数民族であって漢民族ではない、といった言説も出てくることになった。

近代に入り、客家側からこうした偏見に異議を唱えたのが、のちに香港中文大学の名誉教授となる羅香林《らこうりん》だ。彼は１９３２年、大著『客家研究導論』を発表して客家非漢族説を徹底的に否定。現在まで続く学問的な客家研究の礎を築くことになる。

だが、羅香林の言説にも問題はあった。彼自身が客家だったこともあり、彼の研究は客家を手放しで礼賛する傾向が強かったのだ。

当時の中国で最大の英雄だった「国父」孫文を客家だとする主張も、実は羅香林が唱えたものである。おそらく、客家の偉大さや優秀性を強調するための箔付け的な動機があったと思われる。

また、羅香林は客家が古代中国の伝統を継承していると強調するため、族譜の記述を根拠に中原からの移住ルートを「解明」したとする、かなり主観的な学説もとなえた。

彼の主張は、当時の研究水準からすると仕方がない部分もあった。だが、その後に中華圏で客家研究をおこなった研究者は彼ら自身も客家であることが多く、１９８０年代ごろまで羅香林の研究をそのまま引用する例が多かった。

アルシンドの息子、梅州客家ＦＣでプレーする

日本で客家の実態が誤解されているのは、こうした客家自身の自画自賛が無批判に紹

介されたからである。羅香林は20世紀初頭の中国の時代背景のなか、客家が他の漢族よりも優秀な存在で、客家こそが正真正銘の漢族であると主張する必要があったのだが、日本側はそうした事情を無視して彼の説を「直輸入」してしまったのだ。

（ちなみに、2024年9月～12月に大阪の国立民族学博物館で開かれた特別展「客家と日本」も、羅香林の学説をほぼ無批判に紹介していた。客家ファンの一般の日本人を集める目的や、展示に協力した台湾などの客家団体の要望に応じた結果だと思われる。）

いっぽう、客家の地位向上を目指した羅香林の言動は、結果的にはプラスの面もあった。現在の中華圏では、客家は完全に漢族であると認識され、往年のような蔑視や差別はほとんど見られなくなったからだ。むしろ近年は中国各地で「客家の郷」を観光資源にする傾向のほうがずっと強い。

なかには、現地の人は誰もそうした家屋に住んでいないのに「客家円楼」をモチーフにした博物館が建てられたり、「客家伝統の〇〇」と、客家と無関係な名産品が売られたりする例もある。

また江西省や四川省では、従来は自分を客家だと思っていなかった人たちが、近年になり指摘されて自分たちが客家なのだと気づいた、という例も多い。四川省出身の鄧小平についても、こうした事情から客家だとみなされてしまったのだろう。

近年、とりわけ客家ブランドの観光資源化が活発なのが、客家の故郷として世界的に知られる広東省の梅州市だ。２０１３年に発足した地元のプロサッカーチームの名称は、なんと「梅州客家ＦＣ（Meizhou Hakka Football Club）」という。

余談ながら、日本のＪリーグ黎明期に鹿島アントラーズでプレーし、アデランスのＣＭにも出演した人気選手のアルシンドの息子のイゴールが、かつて梅州客家ＦＣに所属していたこともある。イゴールは２０２１年１月から１年数ヵ月ほど梅州客家ＦＣでプレーし、33試合で６得点11アシストを記録。チームの１部リーグ昇格に貢献している。

「TikTok」提供企業の創業者

さておき、現代中国の客家事情はほかにも興味深い話題がある。

近年の中国を牽引する、華南に本拠地を置くイノベーション業界に客家出身とされる人物が多いのだ。

中国側の報道によれば、動画共有サービスのTikTokで知られる中国ＩＴ大手のバイトダンス（字節跳動《ヅージェティアオドン》）の創業者である張一鳴《ヂャンイーミン》や、フードデリバリーとレストラン評価サイトの最大手である美団《メイトゥアン》CEOの王興《ワンシン》は、いずれも福建省龍岩市出身の客家だという。孫文や鄧小平とは違い、彼らは出身地からしてもおそらく客家とみてよさそうだ。

バイトダンスと美団は、次世代のサイバー中国を象徴する勢いのある企業だ。張一鳴が１９８３年生まれで王興が１９７９年生まれと、彼らは世代的にも、先行のIT大手であるアリババ創業者のジャック・マー（馬雲《マァユン》、１９６４年生まれ）やテンセント創業者のポニー・マー（馬化騰《マァホアタン》、１９７１年生まれ）たちよりも１～２世代若い。

ほかにも中国IT業界には、経済情報サービス「雪球《シュエチョウ》」CEOの方三文《ファンサンウェン》やソフトウエア会社「同歩網絡《トンブーワンルオ》」CEOの熊俊《ションジュン》がともに龍岩市出身、ポータルサイト「hao123」の創始者の李興平《リィシンピン》が広東省興寧市出身と、メディアで客家系のルーツが報じられている人物がすくなからずいる。

彼らの故郷に近い広東省深圳市は、経済特区として１９８０年代から資本主義の洗礼を受けた。客家系らしきIT経営者が多いのは、最新技術を受容しやすい地理環境も関係していたのだろう（余談ながら、深圳に本社を置くテンセント創業者のポニー・マーと創業メンバーの一人である陳一丹《チェンイーダン》は客家ではないが、もうひとつの「東洋のユダヤ人」の潮汕人である）。

深圳は現代中国の発展を象徴する最先端都市だが、改革開放政策以前は小さな村だった。地理的には客家系住民の多い恵州市や香港の新界地域と接し、現在の市域の中・東部の古い住民たちはもともと客家語に近い言葉を話す人たちだった。

加えて、都市建設の初期である1980年代に近隣各地から人が集まるなか、梅州・恵州・河源などからも多くの客家（ほかに広東省東部から潮汕人）が大勢移住して深圳市民になった歴史がある。

深圳は国際的に名を知られてから45年ほどしか経っていない新興都市だが、それでも「街の歴史」は存在し、古くからの住民ほど客家系の人たちが多い。彼らのなかには、発展にともなう地価の高騰で巨万の富を得たり、商売に成功したりして、市内の富裕層を形成した人もすくなくない。

少数民族のようで少数民族ではない。非常に特殊にも見えて、実は特殊ではない。だが、いっぽうで現代的な話題には事欠かない――。

俗説や陰謀論から離れた現実の客家は、そのような人たちなのである。

コラム3 華南の方言集団と「福州人」

第8章「〝客家〟」で、中国南方の漢族の方言集団についてすこし書いた。

華南の各地の場合、客家方言のほかに福建省の大部分と広東省東部・海南省周辺などで話される閩方言、広東省中西部や広西チワン族自治区で話される粤方言などがあるが、それぞれの内部でも言葉や文化の違いはかなり大きい。

たとえば、福建省北部の福州市付近の人（以下は「福州人」と書く）と、省南部の泉州市付近の人（閩南人）がそれぞれ地元の言葉を使った場合、同じ閩方言とはいえ相互でほとんどコミュニケーションができない。

福州（閩東）文化圏と閩南文化圏は食文化も違い、福州料理が甘みや酸っぱさを重視してスープにこだわりを持つ（乾物が主体の煮込み料理である佛《フォオ》跳《ティアオ》牆《チャン》が有名だ）のに対して、閩南人の料理はカニやアワビなどの海鮮の味をそのまま活かすような料理が多い（カキ入りオムレツの蚵仔煎《おあちぇん》が有名である）。民間信仰においても、土地に根付いた神様の顔ぶれはかなり違っている。

華南の沿海部はリアス式海岸で、大河の河口に大きな街ができることが多かった。前近代までは陸上移動が難しい地域でもあり、ゆえに閩江《ミンジャン》（福州）・晋江《ジンジャン》（泉州）・九龍江《ジョウロンジャン》（漳州、厦門）など、河口ごとに言語や文化が大きく違う港町が生まれた。

ちなみに厦門から海岸沿いを南下した広東省東部の韓江《ハンジャン》の河口部は、閩南語系の言葉である潮州語圏。さらに広東省中部の珠江《ヂュージャン》下流域から東は粤方言の広東語の世界である。珠江デルタ地域については、広州・東莞・深圳・香港・マカオなど日本とも縁が深い大都市が集中しているので、ご存じの人も多いだろう。

これらの港湾都市は、19世紀なかば以降は海外への華僑の送り出し港として機能した。そのため華南の各方言は、隣の街とは通じないことがあるのに、華僑華人のネットワークを通じて海外では通じるという不思議な現象が存在する。たとえば広東語はマレーシアのクアラルンプール周辺や北米のチャイナタウン、閩南語はシンガポールやマレーシアのペナン島周辺、さらに福州語や潮州語・客家語も北米や東南アジアのあちこちで通じる。

中国南方の方言は、香港と広州を擁する広東語が圧倒的にメジャーで、さらに台湾の地元の言葉（台湾語）と意思疎通が可能な閩南語がこれに次ぐ。香港や台湾で制作される広東語・台湾語のドラマやポップスも多い。

いっぽう、比較的話者が多いにもかかわらず、ややマイナーなのが潮州語と福州語だ。

ただ、実は福州語圏は日本人にとっては身近な世界である。

正確な統計は存在しないものの、すくなく見積もっても在日中国人の約1割は福建省出身者であるとみられ、その大部分は福州語圏の人たちなのだ。日本国籍に帰化した人も含めれば、日本国内にいる福州人は十万人近いと思われる。かつて中国情報のポータルサイトとして知られていた『サーチナ』創業者の端木正和のほか、ビジネス界を中心に成功者も多い。

なかでも、福州市に属する福清市（中国の行政区画は地級市の下に県級市があり、いずれも「〇〇市」と呼ばれる）出身の在日中国人は多い。もはや過去の話だが、1990年代の福清市は密航ブローカーの蛇頭《じゃとう》を通じた日本への不法入国が盛んで、現地では日本で稼いで故郷に家を建てた「出稼ぎ御殿」がいくつも建っていることで知られていた。

また、往年の福清地域で対日密航が盛んだったのに対して、付近の福州市長楽区からはアメリカ、連江県からはイギリス、平潭島からは台湾への密航が多かった。

これらはいずれも、広義の福州語圏に含まれる地域である。

在外華人の同郷会

前近代以来、在外華人は不慣れな土地で助け合うため、出身地ごとに団結して「同郷会」という組織をしばしば作ってきた。往年の同郷会の役割は、出稼ぎ男性の妻になる女性を故郷から連れてきたり、中国国内との手紙や送金を仲介したり、現地で同胞の子女の教育を担ったり道路を作ったりと多岐に及んだ。当時の華人たちは言葉の壁や差別から、移住先の国の社会に溶け込めず、同郷会を自治組織がわりにせざるをえなかったのだ。

もっとも、近年は国共内戦期までに海外に出た老華僑が一線を退き、1980年代の改革開放期以降に移住した新華僑たちが在外華人社会の中心になっている。いまや華人が露骨な差別を受ける例は大きく減っており、新華僑は元留学生の定住者が多いこともあって言葉の壁も解消されつつある。なにより、スマホが普及したことで、必ずしも同郷会に依存しなくても同胞同士の助け合いや情報収集が簡単にできるようになっている。

ゆえに、華人の同郷会は本来の存在意義をなくしつつある。

だが、最近10年ほどは、世界各国に存在する巨大なネットワークを買われて、別の役割を担わされるケースが目立っている。

それは中国政府の外交政策や統一戦線工作、西側への浸透工作などへの協力だ。統戦工作とは、中国共産党の協力者を獲得するインテリジェンス工作のことである。

私はかつて、華南の秘密結社だった洪門《ホンメン》の国外組織の多くが、中国当局に協力している実例（拙著『もっとさいはての中国』『現代中国の秘密結社』参照）を詳しく紹介したことがある。これは同郷会についても例外ではなく、とりわけ福建（福州）系や浙江系の同郷会にそうした傾向が強い。

国際的に有名なニュースでは、２０２３年春に中国の公安局が世界各国に無断で出先機関（通称「海外派出所」）を設置していることが明らかになった一件がある。現地でその受け皿になった団体の多くは、福州人の同郷会だった。

たとえば同年4月、アメリカのマンハッタンで海外派出所を運営していたとして摘発されたのは、在米長楽人（福州市長楽区出身者）の同郷会組織「美国長楽公会」だ。

同じく日本国内で警視庁公安部に家宅捜索を受けたのも、東京都の秋葉原に拠点を置く「日本福州十邑社団聯合総会」だった。十邑は福州近辺の古称で、日本にある福州系の商会や同郷会（中国語で社団《シェートゥアン》）の聯合組織として2017年に成立した団体である。

海外派出所の拠点になった同郷会（国や都市によっては個人の場合もある）の大部分は、ただ名義を貸していたにすぎないものが多い。日本の秋葉原の海外派出所のように、多少は「業務」実態があったと思われるケースでも、多くは在外華人の中国国内免許証の切り替えなどの地味な仕事しか担当していなかった模様だ（ただし、こちらも主権侵害行為である）。

だが、一部の拠点では、現地に住む反体制派中国人の恫喝や脅迫などもおこなっていた。

私が日本国内で十邑系同郷会の幹部から直接話を聞いたところでは、海外派出所の開設は福州市の公安局（警察署）からではなく、華僑関連の事務を担当する僑辦《チャオバン》（外事僑務辦公室）から依頼された、福州市のプロジェクトだったという。いっぽう、海外派出所としての活動費が支給されず、同郷会側は必ずしも協力的ではないケースも多かったようだ。

そもそも、同郷会のメンバーの多くは必ずしもプロのスパイではなく、一般の中華料理店や中国マッサージ店の経営者のような人たちだ。愛国的華僑としての名誉やビジネス上の利益などなんらかのメリットがあると考えて、当局に協力する人たちがいた模様である。

ただ、こうした同郷会のなかでも、「十邑」を冠した団体の怪しい動きは目立つ。たとえば日本福州十邑社団聯合総会は、元理事の華人女性が自民党の衆議院議員に接近して「外交顧問兼外交秘書」の肩書きを得ていたことが、すでに日本国内の週刊誌で報じられている。また、姉妹団体である琉球福州十邑同郷会の幹部たちも、中国と親密な自治体外交をおこなう沖縄県の玉城デニー知事やその側近らに近づいている（こちらは私が各当事者への取材で確認した話である）。

近年の中国では統戦工作が活発で、在外華人の商会や同郷会は、福州系に限らず中国共産党に親和的な団体が多くなった（もちろん、党と距離を置く団体もゼロではない）。だが、十邑系同郷会は他の団体と比べても明らかに中国当局寄りの姿勢が強い。

習近平と福州人

その理由は、おそらく十邑系同郷会と習近平との縁の深さが関係している。

1994年、福州市の党委書記（市のトップ）を務めていた若手時代の習近平は、全世界の十邑系同郷会の代表大会である第3回世界十邑同郷会を福州市で開催させた。これは単純なイベント招致ではなく、2年前の前回大会まで台湾（中華民国）寄りだった同会を中華人民共和国寄りに転換させた点で、統戦工作の成功を示すものだった。政治的業績が乏しかった当時の習近平にとっては、大きな成果だったと言っていい。

当時、習近平はみずから大会の顧問に就任したほか、『世界福州十邑郷人創業史』という福州人のビジネス史を記した書籍の主編者になり、「十邑一家　情系福州」（十邑出身者は家族のごとく、情は福州につながる）という題辞を送っている。世界十邑同郷会から見れば、故郷の街のトップみずからの手で自分たちの書籍を発行してくれたという、恩人の立場である。

2024年11月17日、世界十邑同郷会は、前出の題辞の発表30年を記念して会員約230人を引き連れて北京に向かい中国政府関係者と面会、習近平思想の学習活動をおこなっている。

近年の中国では習近平の個人崇拝キャンペーンが盛んで、彼が青年時代に下放《かほう》（都市の若者を農村に送り込む毛沢東の政策）された陝西省の梁家河村《リャンジャーホォ》が党員の研修場所として観光地化されたり、彼が福建勤務時代に詠んだ漢詩が学習対象にされたりと、習近平に関係するものならなんでも、党内で褒め称えられる雰囲気がある。

こうした風潮のなかで、過去に習近平自身が面倒を見たことがある十邑系同郷会の地位は自然と高くなる。対して十邑系同郷会の側も、当局からの依頼は、たとえ政治的なものであっても断りにくい立場になる。近年、インテリジェンスの現場で彼らが妙に存在感を発揮している一因は、そうした事情があるのだろう。

本来、福建省はイデオロギーよりも商売を優先する気風が非常に強い地域だ（資本主義的な行動が徹底的に攻撃された文化大革命期に、需要を当て込んで毛沢東バッジの偽物を作って売っていたほどである）。とりわけ、福州一帯はそうしたムードが強く、往年の福清・長楽地域の出身者が、ボロボロのコンテナ船に乗り込んで日本やアメリカに密航を繰り返していたのも、お金大好きの福州人気質に由来している。

だが、現在の権力者である習近平がかつて合計17年にわたって福建省で働き、特に省都の福州市でながらく活動してきたことが、福州人の運命を変えた。いまや彼らは、中国で最も「政治的」な意味を背負うグループになったと言っていい。

本書でみてきたように、中国にはさまざまな少数民族や、漢族内部の方言集団が存在する。そうした多種多様な人たちのなかでも、福州人はかなり特殊なポジションになりつつある。

終章　漢族と〝中華民族〟——世界最大の民族の分断と同質化

「民族服」はチャイナドレスか人民服か？

中国の「民族服」として、チャイナドレス（旗袍《チィパオ》）をイメージする日本人は多い。

チャイナドレスは、かつて清朝の支配階級だった満洲族の服装のデザインを取り入れて1920年代に上海で成立した女性の服装だ。

中国大陸では1950年代ごろまで中・上流階級の女性を中心に流行した。その後、社会主義イデオロギーが強い時代には着用を憚《はばか》る雰囲気があったが、党の方針が修正されて改革開放政策が定着した1980年代以降はそのタブーは消えている。

とはいえ、現代の中国でチャイナドレスはあまり人気がない。とりわけ、一昔前の日本のマンガに登場する「中華娘」キャラクターのような派手な原色のチャイナドレスを日常的に着ているのは、レストランの呼び込みスタッフなど一部の職業の人だけだ。一般の中国人女性の場合、着用するのはきわめてわずかな機会に限られる。

その数すくない機会のひとつが、例年６月に実施される中国の大学統一入試「高考《ガオカオ》」の場である。

近年、中国では両親が試験当日に受験生を派手な演出で送り出す花式送考《ホアシーソンカオ》という風習が流行している。その際、速戦即決の勝利を意味する「旗開得勝《チィカイダァシェン》」と「旗袍」の音が通じるからと、受験生の母親たちが派手なチャイナドレスを着て会場に付き添う光景が、いつしか初夏の風物詩として定着した。

２０２４年に四川省の試験会場の様子を報じた現地メディアの取材に「着たのは人生で初めて」と答えた母親が登場したこともある。高考は受験生本人以上に「親の長年の教育投資の成果が出る試験」であり、彼女らのチャイナドレスの着用には、教育ママの一世一代の勝負服としての意味合いが強い。

近年はこの習慣が当たり前になったことで、ときに受験生の父親や、受験生の母校の先生（男性）が着てみせるパロディをおこなうこともある。現代中国におけるチャイナドレスは民族服どころか、ネタ的なコスプレ衣装のような扱いですらあるのだ。

いっぽう、外国人が連想しがちな中国のもうひとつの国民的衣装は、人民服（中山《チョンシャン》装《チュアン》）である。

ただ、こちらのイメージも古めかしい。かつて1970年代ごろまで、一般人から党幹部まであらゆる中国人が緑色の人民服（麻雀用語から「緑一色《リュイイィスー》」とも呼ばれた）を着ていた時代があったが、いまや日常的に「緑一色」で過ごす人は農村部でもほぼ消えた。

中国における人民服は礼服でもあるため、中国共産党の指導者が軍の視察や外交の場などで高級人民服を身に着けることはある。2015年に習近平がイギリスを訪問した際、彼がエリザベス女王（故人）の晩餐会に人民服姿で出席したことはすくなからずニュースになった。

とはいえ、一般人が人民服を礼服にする光景はあまり見られない。近年は中高年向けのシックなデザインが販売され、ネット上の販売サイトではパイプを片手にかっこよく人民服を着こなすナイスミドルの男性モデルの写真も多く見つかるが、世間で広く普及しているスタイルではないようだ。

いずれにせよ、チャイナドレスも人民服も「中高年が着る服」「限られた人が限られた状況で着る服」というイメージが強い。

だが、ゼロ年代なかばごろから、新たな民族服が台頭しはじめた。漢・唐・宋・明など、往年の漢民族の王朝の宮廷衣装を現代風にアレンジした「漢《かん》服《ぷく》」である。なお、唐は実は漢民族の王朝ではなかった可能性があるが、一般の中国人はほとんど意識していない。

漢服は「バエる」（SNS映えする）服として若者から支持されており、インフルエンサーが動画配信の際に着たり、趣味のサークルの仲間同士で着用したりする例が多い。

価格は安いもので数百元程度、高級品なら数千元（それぞれ4000円~10万円）ほど。近年になり「作られた伝統」であるためか、日本の和服と比べると安価だ。いまや大都市の街角やフードコートなどで「お出かけ服」がわりに漢服を着る若者を見かけることもめずらしくない。

事実、私が2024年9月5日に埼玉県内で開かれたサッカー・ワールドカップ予選の中国vs日本戦を見に行った際にも、中国大陸から観戦のために来日した新婚の中国人夫婦の奥さんが、明代の服装をモチーフにした漢服姿だった。この格好でスタジアムにも行ってしまうのだ。

漢服ブーム

漢服ブームの発端は諸説あるが、2002年にインターネット上に投稿された「失われた文明　漢族の民族衣装」という文章が嚆矢《こうし》のひとつだったとみられている。

この文章は、17世紀の清朝の統治とともに漢民族の伝統的な服装が失われたと主張し、漢服の実態について詳しく紹介する内容だった。

投稿がおこなわれたプラットフォームは『艦船軍事論壇』というミリタリーマニアのネット掲示板で、投稿者のハンドルネームは「華夏血脈《ホアシャーシュエマイ》」（中華の血脈）。つまり、漢族中心主義的な思想を持つ人物が、伝統の復興を求めるために記した文章だ。だが、この投稿は当時としては驚異的な30万ヒットを記録し、さまざまなサイトに盛んに転載された。

やがて翌年には『漢網』という漢服愛好者サイトが作られ、ほどなく複数の愛好者サークルが誕生した。さらに同年11月には、河南省鄭州市の電力会社の労働者だった王楽《ワンラー》天《ティエン》という男性が自作の漢服を着て街を歩いていたところ、たまたまシンガポールの華字紙『聯合早報』の記者に発見されて写真とともに報じられ、この報道も中国国内外で大きな話題になった。

やがてブームは広がり、２００７年には中国の国会に相当する政治協商会議や全国人民代表大会で、漢服を国家の服にせよという提案や、大学での学位授与の際の服装を西洋式のガウンではなく漢服にせよといった提案も飛び出した。これらは採用されなかったが、後者の「学位授与の際の漢服」は、その後も個人や学校単位のレベルではみられるようになった。

漢服ブームはもともと漢族ナショナリズムを起源とするだけに、習近平政権の成立以降に中国国内で愛国主義イデオロギーが強まってからは、物議をかもす事件も起きている。

たとえば２０１４年12月24日、湖南省長沙市で「中国の伝統的な祭日への回帰」を訴えて、クリスマスに反対するプラカードを掲げた学生が漢服姿で練り歩く事件が起きた。世間が浮かれるクリスマスに反対するデモは、日本であればただのお笑いパフォーマンスで終わる。ただ、キリスト教やイスラム教などの外来宗教に対して敏感な姿勢を取る中国では、政治的主張として効果を持ちうる行動だった（この事件との直接的な因果関係はないものの、数年後に河北省廊坊市や安徽省泗県などの地方都市で、街のクリスマス飾りを禁じたり学校行事を禁じたりする動きが出ている）。

図終－１　**漢服姿で記念撮影をおこなう中国人の若者たち**　2024年９月８日、中国大使館が都内の代々木公園で主催したイベント「チャイナフェスティバル2024」で筆者撮影

スマホや海外旅行が普及した２０１０年代以降は、海外旅行先で漢服を着て歩く姿をＳＮＳにアップする若者も増えた。だが、２０１５年９月にタイ北部の寺院で、漢服姿で「映《ば》え」写真を撮っていた女性に寺院側が苦言を呈するなど、所構わぬ着用が現地と摩擦を生む例もある。

中国と西側諸国との関係が緊張した２０２０年代に入ってからは、「東京を漢服姿で歩いて日本人に見せつけてやった」といった国威発揚的な字幕を入れた画像やショート動画をアップすることで、流量《リュウリャン》（アクセス数）を狙う低俗な行為も増加しはじめた。

日本人や欧米人からすると、たとえ自国で中国人旅行者が漢服を着て歩いていても「中国の服」としか思わないが、一部の中国人にとっては別の意味合いを持つ。漢服は本質的にナショナリスティックな文脈から現代に復活した文化だけに、ネットの愛国ポピュリズムとも相性がいい（もっとも、そうした意味を意識せず「お出かけ服」「映える服」として無邪気に漢服を着る若者のほうが多数派だが）。

いっぽうで当局は、漢服ブームそれ自体は歓迎する構えだ。

ただ、2018年に人気動画サイトの「嗶哩嗶哩《ビィリィビィリィ》」（Bilibili）と共産党青年団中央が共同で打ち出した漢服キャンペーンが「中国華服日《ヂョングォホアフゥリー》」だったように、中国人全体の伝統を象徴する服だとして「華服《ホアフゥ》」と言い換える動きもある。他の少数民族を無視することに、共青団の内部で多少の懸念を抱いた人もいたのかもしれない。

ただ、このキャンペーンのなかでも実際に強調されたのは漢服だ。華服＝漢服だとすれば、むしろ漢族こそが中国（中華）の代表であるとする考えを、結果的により強めてしまう言い換えがなされたと考えることもできる。

漢族は中華の代表で、中国とイコールの存在なのだろうか。

そもそも、漢族とは何者で、どのような人たちなのか？

北方人と南方人

漢族は中国でもっとも多い。それどころか、人類の世界で最多の民族である。中国政府の統計に基づく2021年時点での人口は12億8444万6389人。ほか、世界各国で暮らす、中国政府の統治下に置かれていない漢民族の華人人口（シンガポールやマレーシアの華人系国民や、日本やアメリカなどに帰化した元中国人とその子孫）も合わせれば13億数千万人にのぼり、人類の人口の2割弱を占めている。

いっぽう、現代中国における漢族は、民族識別工作で「少数民族」に分類されなかった人たちの総称のような性質もある（コラム2参照）。本書ですでに見てきたように、本来は漢民族なのに別の民族を名乗っている人たちも存在する。

ゆえに、中国国内の行政上の概念にすぎない「漢族」と、民族そのものの呼称である「漢民族」（もしくは「漢人」）は厳密にはイコールではない——。だが、当の中国人自身は両者の区別をあまり意識していないようだ。

漢民族の呼称は、紀元前3世紀末に劉邦が建国した王朝「漢」に由来する。彼らは漢語（中国語）と漢字を使い、古代の伝説的な帝王である三皇五帝以来の中国史と、父系の家族構造を持つ人たちだ。さらに儒教をはじめとした中国哲学や漢詩を含む中国文学、書道、中国美術、中国音楽、中国医学（中医）などの伝統も受け継いでいる。現代の漢服がモデルとする服装の多くも、前近代の漢民族王朝の宮廷衣装である。

中華人民共和国の国土面積は、ほぼヨーロッパ全域の広さに匹敵する。このうち、漢民族の伝統的な居住地域である中国本土（チャイナ・プロパー）だけでも、ＥＵ加盟国の全面積に迫る。

しかも中国の人口は、全ヨーロッパの人口の2倍近い。江蘇省や広東省といった中国の各省は、仮に歴史の流れがすこし違っていれば、それぞれの地域がひとつの国家でもおかしくなかったほど大きい（事実、広東省1省の人口は日本の全人口よりも多い）。

漢民族とは、きわめて広大な範囲に住むあまりに多すぎる人々であり、実態としては「ヨーロッパ人」と同じ程度の広いくくりの集団でしかない。なので、ヨーロッパの内部にドイツ人とイギリス人とフランス人、さらにスペイン人と多様な人たちがいるのと同様、本当は漢族の内部にもこのくらいの差異がある。前章「客家」で紹介した七大方言でもわかるように、本来は言語もかなり違う。

彼らがそれでも、自分たちが一応は「同じ存在」だという意識を保っているのは、実際の発音や口語文法にかかわらず広い範囲で意味が通じる、漢字と古典中国語文法の賜物である。

広く知られている通り、漢民族は有史以来、北方のモンゴル高原などから流入してくる諸民族と混じり合ってきた。ただ、いっぽうで中原から南方に向けて植民を続ける過程で、長江以南にもともと住んでいた百越などの非漢民族を同化し続けてきた。

中国はかつて3〜6世紀の三国時代や南北朝時代、12世紀の金・南宋の時代など、過去に国家が南北で分断された時期がある。また、冬季の平均気温が0度を下回るか否か、乾燥した土地か水と緑の多い土地かといった、南北の気候や地理の差異も大きい。

そのため漢民族は、おおむね江蘇省の淮河《わいが》から内陸部の秦嶺《しんれい》を結ぶ線を境として、北《ベイ》方人《ファンレン》と南方人《ナンファンレン》に大別される。一般に北方人は大柄で気質がさっぱりした人が多いとされ、麺や包子《バオヅ》などの小麦粉食を好む。いっぽう、南方人は小柄で性格が細やかな人が多いとされ、米食を好む。

もちろんこれは非常におおまかな区別で、人の気質や雰囲気は地域や方言集団ごとに異なる。ただ、「北」と「南」はそうした漢民族内部の相違点の最大公約数的な基準だ。

ちなみに満族やチワン族のような少数民族も、漢語で自己紹介をするときは「自分は北方人／南方人」と言ったりする。ただ、中国人を南北で分ける考えは基本的には漢民族の価値観だと思われる。

北方人と南方人の気質の違いを知るうえでわかりやすい例が、毎年の旧暦大晦日の夜に国営放送のＣＣＴＶで放送される大型年越し番組「春晩《チュンワン》」（春節聯歓晩会）の受容度だ。

この番組の視聴率は例年、北方の各省で60～80％以上を記録するいっぽう、南方の各省では十数％にとどまる。なかでも南の沿海地域に位置する広東省や広西チワン族自治区、海南省などでは数％程度まで落ちる。

春晩は日本で「中国版の紅白歌合戦」として紹介されることも多いが、実は中国の「国民的番組」ではないのだ。南方の中国人にとって、春晩は北京や東北《ドンベイ》（旧満洲）のカルチャーが強く反映されすぎており、音楽の好みや番組中の寸劇の笑いのツボもまったく一致しない。なので、見ようという気も起こらない。

そもそも言葉の違いもある。21世紀の現在、中国では老若男女を問わず普通話（標準中国語）が全国的に通じるが、北方人と南方人は同じ普通話でも話し方や語彙がかなり違う。南方人にとって、北方人の中国語は早口できつく聞こえることが多く、これも春晩が不人気な理由のひとつだ。

南方人気質と北京への冷ややかな目線

気質の違いは、心理的な壁も生む。

現代の日本人の感覚ではやや想像しにくいが、中国人は同じ漢族同士でも、違う土地の人間とは打ち解けない傾向がかなり強い。

たとえば福建省福州市の人であれば、市内の中心部の人か否か、同じ方言集団の文化圏の人（福州人）か否か、同じ省の人（福建人《フゥジエンレン》）か否かなどで、それぞれ相手との心理的距離感は段階的に拡大していく。

ある都市でひどい犯罪が起きたときに、地元住民から「犯人は外地人《ワイディーレン》（市外や省外の人）だろう」という心無い意見がネットとリアルとを問わず囁かれるのは、中国ではおなじみの話だ。いっぽう、場合によっては、福建系のシンガポール人や台湾人のほうが、同じ中華人民共和国国民である北京の人よりもまだ親しみがある──などといった事態も生じうる。

言うまでもなく、こうした心理のうえでもっとも大きな壁は「北方人か南方人か」である。

北方人と南方人がそれぞれ、自分の側のほうが文化的にやや優越した存在であると考え、相手側を軽く見る傾向もある。南方人が北方人を罵るときは、相手が〝野蛮〟なモンゴルや満洲の仲間だとして「北韃子《ベイダァヅ》」。北方人が南方人をバカにするときは、やはり〝野蛮〟な百越の仲間だからと「南蛮子《ナンマンヅ》」と呼ぶ、という具合だ（当局が地域差別を禁じていることもあり、近年はここまでひどい表現は減っているが）。

漢民族の北と南の違いは政治面でもみられ、北方人のほうが中国の国家体制を素直に支持しがち、南方人のほうが批判的な意識を持ちがちという傾向もある。洪秀全・孫文・蔣介石・毛沢東・周恩来……と、近代中国の有名な反乱者や革命家のほとんどは南方出身だ。

南方人の体制批判気質は、首都の北京との地理的距離だけが理由ではない。北京の歴代の支配者である元・明・清王朝や中国共産党はいずれも北方的な要素が強く、生理的に感覚が合わないことも大きいのだろう（ちなみに、中国共産党は長江流域で成立した南方系の集団だが、1930年代の長征を経て陝西省延安に拠点を置き、やがて北京を首都としたことで、後天的に北方系の要素を多く取り込んでいる)。

事実、かつて2019年に香港で発生した大規模デモでも、私が現場で取材していた感覚では、独裁体制への反抗という崇高な思想以前に「北京人《バッキンヤン》が嫌いだ」という香港人の生理感覚がかなり濃厚に影響しているように見えた。台湾人のあいだで中国大陸出身者を見下す傾向が強いのも、やはりイデオロギー以前にこうした心理が存在するためだろう。

ほか、いわゆる反日感情は、日中戦争中に日本軍による民間人虐殺が深刻だった華北地方や、満洲国の支配を経験した東北地方を抱える北方のほうが強い傾向がある(長江以南でも南京など対日感情が悪い地域はある)。

いっぽう、中国の四大都市である「北上広深《ベイシャングアンシェン》」(北京・上海・広州・深圳)のうち、首都の北京以外の3都市はすべて南方にある。中国が市場経済を本格的に導入した1990年代以降は南北の経済格差が広がり、基本的には南方の大都市のほうが豊かで、人々のライフスタイルも洗練されている。このことも北方人と南方人の気質の違いを強める結果を生んでいる。

地方による違い以外でも、中華人民共和国の成立以降は農村戸籍か都市戸籍かの差、さらに改革開放政策の実施以降は貧富や職業・学歴の格差も拡大した。前近代の科挙の時代から現在まで続く、知識人と庶民との意識の断絶も大きい。漢族以外の少数民族も含めると、中国国内で暮らす人々の多様性はいっそう広がる。

無数の差異によって細かく分断された、多すぎる人口をまとめあげ、いかにして国民としての一体性を持たせるか。これは近代に入って以降、中国の為政者たちの頭痛の種だった。

そこで発明された言葉が「中華民族」である。

「中華民族」とは何か

中華民族という言葉は、清末の１９０２年、亡命中だった思想家の梁啓超《りょうけいちょう》が考案した（ちなみに梁啓超は自国史の呼称について「中国史」という言葉も発明している。それまで、唐や清などの王朝の名前や、「華夏」「中華」などの表現で呼称が一定していなかった彼《か》の国に「中国」という呼び名が定着したのは梁啓超の影響が大きい）。

ただ、中華民族という言葉は、はじめから漢民族を主役に位置づける意識をはらんでいた。辛亥革命の後、孫文は１９１９年ごろから「国族」という概念を提唱し、彼の故郷の広東省で宗族（父系の血族集団）がみせる団結力のように中華民族が団結することを理想とした。

孫文の演説を文字化した『三民主義』を読むと、彼は明らかに漢民族を中国のメインに置いている。すでに第2章「回族」などでも書いた通り、漢民族中心主義的な考えはその後の蔣介石にも引き継がれた。

いっぽう、1949年に成立した中華人民共和国は当初、ソ連をモデルにしたインターナショナルな社会主義国家を目指していた。中国共産党は、それまでの国民党政権との差異を強調する目的もあって国内の各民族の平等を主張し、漢民族中心主義を「大漢族主義」として抑制した（ただし、こうした民族主義の抑制は、文化大革命中に少数民族の党幹部を「大〇〇族主義者」などとして攻撃する口実にも使われた）。

やがて、文革路線が放棄されて改革開放政策が進められた1988年には、かつて民族識別工作にも携わった社会学者の費孝通《フェイシャオトン》が、香港中文大学における講演で「中華民族の多元的一体構造」という概念を提唱する。彼の主張は、中国国内に住む漢族なりチワン族なりチベット族なりの諸民族よりも上のレベルに、それらを包括する存在として「中華民族」があるとする考えを理論づけたものだった。

費孝通はこの講演で、「中華民族」は漢族と周辺の諸民族との相互の文化的な影響のなかで自然発生的に生まれた集団ではあるが、当事者たちが19世紀末からの帝国主義列強による侵略に抵抗するなかで、自分たちが中華民族であることを自覚したとも主張している。平たく言えば、「中国人」や「中国人民」と限りなく近い意味で、中華民族という言葉が定義されたということだ。

この費孝通の考えが、ひとまず現在まで中華人民共和国の民族政策に反映されている。ただ、費孝通の演説や、その後の中国国内での主張を読む限り、香港・マカオ・台湾の住民も中華民族の範囲に含まれるようだ。

「中華民族の多元的一体構造」が提唱されたのは、香港とマカオがイギリスとポルトガルの植民地だった時代である。国籍のうえでは「外国人」である海外の華人を、中国の国内概念である中華民族に含めてしまう考え方はこのころからみられた。

チンギス・ハンも溥儀も中華民族

現在の中国における「中華民族」の用法を見ると、対象範囲はさらに広い。

たとえば、現在の中華人民共和国の国民の祖先であれば、漢民族以外の人物も中華民族に含まれうる。モンゴル帝国の初代皇帝だったチンギス・ハンや、満洲族で清の高祖であるヌルハチ、ラスト・エンペラーの愛新覚羅溥儀などは、現代中国では中華民族として扱われている。

また、中国籍を持たない人でも、華人系の海外住民（僑胞《チャオバオ》）は中華民族だ。中国共産党の統一戦線工作に協力している中国致公党（拙著『現代中国の秘密結社』参照）の関係者が、カナダの華人コミュニティについて「中華民族の小社会」と述べている例など、そうした表現は公的な場でも普通に使われている。

ただし、海外の住民まで中華民族扱いをするのは、基本的には漢民族に対してだけだ。中国国内には朝鮮族やカザフ族など他の国と同じ民族が国境をまたいで暮らす例があるが、韓国やカザフスタンの一般国民を中華民族として扱う例はほとんどみられない。（台湾の山地に住むアミ族やタイヤル族のような原住民は、中国側で彼らを総称して「高山《ガオシャン》族《ズウ》」という民族区分が作られているためか、中華民族として扱われることがある。また、近年の中国は沖縄の取り込み工作に熱心であるため、「琉球人は中華民族」だと主張するデマ動画も多く作られている。）

中国国内の少数民族の区分がかなり大雑把である以上に、中華民族の枠組みもかなり大雑把であることは、ここからも見て取れるだろう。

ただ、海外のほぼ漢民族系の華人だけが中華民族扱いされる例からもわかるように、中華人民共和国の体制下においても、実態としては漢民族を中華民族の主役として潜在的に位置づける意識が存在する。

そのため、中国で1990年代以降に強められた愛国主義教育の現場では矛盾も露呈した。

その好例が、浙江省杭州市にある岳王廟《がくおうびょう》だ。南宋の武将である岳飛を祀る廟である。岳飛は往年、女真族の金の侵攻に対する徹底抗戦を訴えて処刑された、漢民族の救国の英雄だ。なお、岳王廟の敷地内には、彼を陥れた和平派の宰相である秦檜《しんかい》とその妻が上半身裸で縛られて正座する像があり、過去にはこの像に唾を吐いたり子どもが尿をかけたりする習慣があった。

現代の中国において、岳飛は「民族英雄」と呼ばれ、岳王廟は青少年向けの愛国主義教育基地に指定されている。だが、よく考えてみれば変な話だろう。

現代中国の価値観で歴史を解釈すると、金宋戦争は外国と中国の戦いではなく、満族（女真族）の金と漢族の宋の戦いだ。同じ「中華民族」の内戦なのに、片方の漢族側の武将だけが「民族英雄」（中華民族の英雄）として扱われるとすれば、相手の満族の立場はどうなるのか。

私自身、かつて2012年に岳王廟に行った際、案内してくれた現地の人（浙江省政府の高官の子である）にそんな疑問をぶつけて非常に嫌な顔をされたことがある。

もっとも、この矛盾については中国国内でも同様の疑義を唱える動きが存在していた。そのため、2017年には中国共産党青年団中央が論考を発表し、かつての元や清などの非漢民族王朝でも岳飛が顕彰されてきたことを長々と説明して、岳飛を「民族英雄」と呼んで構わないとするアナウンスを出している。

現代の政治的事情から前近代の歴史を強引に解釈する中国的歴史観は、現実との矛盾を解消するための気苦労が絶えない。

「単一民族国家」中国への道

費孝通の思想や党の公式見解はさておき、「中華民族」という曖昧な概念は、実質的には漢族の歴史や文化・言語を規範として位置づけている。習近平政権下で「中華民族の偉大なる復興」が盛んに提唱され、愛国主義宣伝のもとで国民の一体化が進められている昨今、この風潮はいっそう顕著になった。

歴史や言語を異にするチベット族やウイグル族、宗教が異なる回族などに対する同化政策の実態は、本書で繰り返し見てきた通りだ。中国共産党は国内における少数民族の存在を認めているものの、それはあくまでも「中華民族」化（漢化）を拒まないことが前提である。

すなわち、標準的な中国語を流暢に話し、外国勢力と結託しかねない宗教は信仰せず、自分たちの民族の歴史についても国家（≒漢族）が定義した歴史観のみを受け入れ、社会的地位の上昇を望む場合は漢族社会のヒエラルキーと経済圏のなかでそれをおこなうことが、実態としては求められている。

少数民族は身分証のうえでの「〇〇族」という表記と、観光や党のイベントのために活用する民族衣装や食文化の伝統だけを残して、あとはすべて漢族と同じような存在になることが望ましい――。当局は明言こそしていないものの、現場で実際におこなわれている政策を見る限り、そう解釈せざるをえないところがある。

いっぽう、漢族の内部の多様性も急速に消失している。

経済発展のために当事者自身が選び取った面もあるとはいえ、公共の場における方言の使用率はこの20年でいちじるしく低下した。

中国の社会環境が現在よりもまだ自由だった２０１０年には、広東省広州市でテレビの広東語放送の削減に抗議する「広東語を守れ」デモが起きたこともある。だが、その後も広州では広東語の地位が下がり続け、今世紀以降に生まれた若い世代になると、家庭内でも広東語を使わず標準中国語の普通話で会話する人が大幅に増えた。

そもそも従来、方言の強みは経済先進地域だった香港（広東語）や台湾（閩南語）、北米や南洋の華僑経済圏と言葉が通じた点にもあったが、中国経済の成長とともにこれらの地域はあこがれの土地ではなくなった。当然、方言の経済的な有用性も大きく下がっている。

（いっぽう、２０１９年の香港デモに共感する中国側の広東人が、ネットに広東語のアルファベット表記を書き込むことで当局の検閲を逃れて会話したり、近年の中国経済の悪化を受けた富裕層の国外脱出ブームのなかで、上海人が電話の会話をわざと上海語にすることで盗聴を不可能にしたりという、方言の社会的影響力が低下したがゆえの裏技も発明されているのだが。）

広東語や閩南語・上海語のような主要な方言すら存在感が薄れた昨今、他の方言はさらに凋落している。発音や文法が標準中国語と大きく乖離した方言の多くは南方に分布するため、近年の漢族の内部では、南方人の独自性それ自体が弱まっているともいえる。加えて習近平政権の発足以降、言論環境の締め付けと愛国主義イデオロギーの宣伝が盛んにおこなわれたことや、それまで中国大陸に浮かぶ自由の地だった香港への弾圧が進んだことで、南方人の伝統的な特色だった北京の体制に対する冷ややかな姿勢も急速に薄れつつある。

南方人の個性の希薄化は、漢族全体の北方人的な気質の強まりを意味する。そうした解釈も可能である。

そもそも、2013年春から中国の権力を握った習近平は、党の最高指導者にはめずらしい北方人だ（実は中国共産党の歴代の主要なトップは、毛沢東・鄧小平・江沢民・胡錦濤……と大部分が南方人か南方育ちである）。

しかも習近平の場合、北京で生まれ育っているため、きわめて標準的な普通話を話す。さらに文革期に下放されて青年期を送った場所は、父親の祖籍地でもある陝西省。つまり、周や秦漢王朝以来の中華帝国の中心地で、中国文明の揺籃の地だ。成人後の習近平は党幹部として福建省・浙江省・上海市と南方の各地に二十数年間も赴任を続けたが、逆に言えば彼は32歳までの人格形成期に、ほぼ北方だけで暮らし続けてきた。

図終-2　**習近平が文革時代に下放されていた陝西省延安市延川県の梁家河村**　習の権力掌握後に観光地化され、党員たちの研修スポットになっている。2015年5月、筆者撮影

いわば、習近平は北方人中の北方人、もっとも規範的な漢族を体現する人物なのだ。

近年の漢族の「北方人化《ベイファンレンホア》」と、絶大な権力を握る習近平本人のプロフィールは、決して無縁ではないだろう。

そして漢族の画一化は、すなわち中華民族――。つまりウイグル族やチベット族らも含めた中国の国民全体の画一化も意味する。これはさらに、香港人や台湾人らについても、北方の漢族の文化に包摂させたいという志向をはらむ。

14億の人口を擁する中国は、本来ならば56の民族と漢族内部の多様なエスニック・グループを抱えている。だが、近年急速に進んでいるのは、その内部に存在するさまざまな文化の個性を消し去る動きだ。

現在の中国が歩もうとしているのは、「中華民族＝漢族＝北方人」という、国民の個性の均一化。世界一巨大な単一民族国家を作る道ではないか？

私はいま、そんな憂慮を払拭できないでいる。

あとがき

本書の最後に、すこし暗示的な話を書いておきたい。

「民族」という言葉は、辞書では「言語・人種・文化・歴史的運命を共有し、同族意識によって結ばれた人々の集団」などと説明される。そして中国語辞典を引くと、中国語の「民族」は日本語と同じ意味だとされている。

ただ、どうやら完全に同じではなさそうなことは、本書を読んだ人には明らかだろう。両者の違いはどこにあるのか。

「民族」という日本語は、明治時代に①ネイション、②エスニック・グループ、③トライブなどの英単語を日本人が翻訳するなかで発明した和製漢語だ。この言葉が、日本で学んだ清国人留学生を通じて中国に逆輸入され、中国語としても定着した。

①の「ネイション」は、ルーツや言語・宗教・生活習慣・文化などを共有する意識を持ち、自治や国家形成などの政治的行動の主体になりうる集団のことだ。いわゆる、「民族自決」の権利を持つとみずから考えているような人たちのことである。

いっぽうで②の「エスニック・グループ」は、同じくエスニシティ（血縁や言語・宗教・生活習慣・文化など）を共有している意識をなんとなく持つものの、必ずしも政治的な枠組みとは関係がない集団だ。「なんとなく」と書くと頼りないが、そもそも自然発生的に生じた人間の集団は、他の集団と明確に線引きすることが難しい。

③の「トライブ」は「部族」とも訳される。最近の学問の世界では、トライブも②のエスニック・グループとして扱うことが増えており、ひとまずこちらは措《お》いておこう。

現在、日本語でいうときの「民族」は、おおむね②の意味だ。戦後になってからは①の意味はかなり弱く、右翼の「民族派」（反共よりも日本人のナショナリズムを重視する一派）くらいでしか見かけない。

いっぽう、中国の場合は①の意味でも積極的に「民族」を使う。

習近平政権のスローガン「中華民族の偉大なる復興」や、人民解放軍の軍歌の歌詞に登場する「民族の希望を背負って」（背負着民族的希望）といった文脈で出てくる「民族」は、明らかにネイションの意味だ。いうまでもなく非常に政治的である。

他方、中国において②のエスニック・グループと比較的近い存在が、漢族や満族やウイグル族などの56民族だ。ただ、本書で見てきたように、中国の民族識別工作には当局が漢族以外の国民を統治するうえで人為的に割り振った記号のような面がある。当局が設定した「民族」と、当事者のエスニシティがズレている人たちも大勢いる。
①の「中華民族」はもちろん、②と比較的近い集団でも、中国の「民族」は政治や行政の影響を非常に強く受けた恣意的な概念なのだ。付言すると、中国では「歴史」の解釈も非常に政治的かつ恣意的である（こちらは私の前著『中国ぎらいのための中国史』も参照してほしい）。
中国の公的な価値観においては、中国共産党が民族だと考えた集団だけが「民族」、正しい歴史とみなしたストーリーが唯一の「正しい歴史」で、事実にもとづく反証や当事者たちの意向はあまり斟酌《しんしゃく》されない。もちろん他国にも似たような例はあるものの、中国の場合はこの傾向が極端だ。しかも、人口の多さや国力ゆえに世界への影響力も大きい。

習近平政権が2期目に入って以降、この風潮はいっそう強まった。

ウイグル族やチベット族の人権抑圧が国際ニュースになりがちな現在、事態の背景となっている中国の民族観については知っておく必要がある。

沖縄と日本

いっぽう、私がいまこの時期に本書を書いたことには、もうひとつ理由がある。それは、中国的な「民族」の政治化が、日本とも無縁ではなくなってきたからだ。なかでも顕著なのが、2023年夏から本格化した、中国の沖縄に対する介入姿勢の強化である。

同年6月1日、古書の版本《はんぽん》を収蔵する中国国家版本館を訪問した習近平が、16世紀の明の官僚の琉球王国への出張報告書『使琉球録《しりゅうきゅうろく》』を閲覧し、中国国内にある琉球墓と琉球館などについて言及した。沖縄と彼個人の縁を強調する発言が、中国の対沖縄政策の転換を決定づけたとみられている。

ちなみに習近平は、1992年から2002年まで福州市や福建省で勤務していた若手時代に、市・省とそれぞれ友好提携を結ぶ那覇市と沖縄県を何度も訪問したり、逆に日本側からの友好訪問団を接待したりした経歴がある。

1990年代初頭、那覇市に作られた中国風庭園「福州園」と、福州市で再建された琉球王国の中国側出先機関・琉球館（福州市対外友好関係史博物館）については、それぞれ習近平が福州市党委書記（市の政治的トップ）だった時期に深く関係したプロジェクトだ。仕事熱心で読書と旅行を好んだ若手時代の彼は、前近代に琉球が中華王朝に朝貢をおこなっていた琉中交流史についても、かなりマニアックなところまで独学で学んでいたようである。

いっぽう、現在の中国の体制において、官僚たちがもっとも重視するのは、習近平のアンテナに引っかかりやすい政策を実行して保身と出世を図ることだ。

ゆえに「習発言」が発表された2023年6月以降、東京の中国大使館や福岡の中国総領事館の高官がしばしば沖縄を訪れたり、沖縄県庁からの訪問を受け入れたりするようになった（特に2024年春ごろまではほぼ毎月のように接触がみられた）。沖縄メディアの過去の報道を調べると、くだんの発言のすこし前まではこうした接触はほとんど確認できず、2023年夏に中国側のギアが明らかに切り替わったことがわかる。

外交部とは別に党の統一戦線工作部に連なる在沖華人の動きも活発だ。2023年7月には、東京都内に「海外派出所」（福州市公安局の出先機関）を作っていた日本福州十邑社団聯合総会の関連組織の代表者が、玉城デニー沖縄県知事に接触したことも明らかになっている。

さらに、中国側は国際政治学者らを動員した琉球史研究プロジェクトを立ち上げ、1951年のサンフランシスコ平和条約の問題点を指摘することで日本の沖縄領有の不当性を主張する動きを見せている。2024年10月には『日本経済新聞』で、沖縄独立論を煽る中国系のSNS工作アカウントが200以上も存在することが報じられた。実際にTikTokや中国国内のショート動画サイトを確認すると「琉球人は日本人ではなく中華民族」「琉球の独立は必然」といった主張をおこなうプロパガンダ的なショート動画が、アクセスを集めている様子も確認できる。

反面、沖縄県庁はこうした動きにほとんど警戒心を示していない。私が2024年秋に玉城知事やその側近らに取材したところ、彼らは沖縄と歴史的関係が深い中国と「仲良くしたい」というイノセントな思いのもと、中国のアプローチを素直に受け入れているらしい。

近代に入ってから日本に組み込まれた沖縄に対して、戦時中も本土復帰後も、日本政府が過大な防衛負担を強いてきたのは事実だ。そのため、琉球ナショナリズムが強い沖縄のオピニオン・リーダーのなかには、中国が主張する対米・対日批判に共感する動きも出ている。

中国としては、日本社会のウィークポイントである沖縄問題を混乱させて日本とアメリカの足並みを乱し、台湾戦略を有利に進める狙いがあるのだろう。台湾側の公的機関に事情を尋ねたところ、中国が内政案件として位置づけるウイグル問題や台湾問題に日本が意見を表明したことへの報復的な意味合いもあるらしい。

今後の中国は、沖縄に関して彼らが設定した民族や歴史の枠組みを、内外で積極的に発信していくとみられる。

すなわち、琉球民族が過去に日本とどれだけ縁遠く中国と近しい存在だったかを強調し、彼らを「日本民族」に含めることは無理があると主張するような、現在の中国にとって政治的に好都合な歴史観だ。琉球人を「中華民族」だと強弁する意見や、彼らが中国の影響下で「民族自決」をするのは必然だとする意見も、今後はより増えていく。

中国の介入を防ぐための日本側のベストな対策は、沖縄が置かれている状況をもっと理解することなのは言うまでもない。ただ、そのうえで中国の民族観や歴史観の性質を知ることも同じくらい必要になる。中国当局はつねに政治的な動機のもとで「民族」を取り扱い、それを政策的に利用する人たちなのだ。

日本人は従来、自国の主権を揺るがすような深刻な民族問題とはながらく縁遠かった。

だが、それが目の前に突きつけられる事態が、すでに進行しはじめている。

中国の少数民族の話は、私たちと決して無関係ではない。

日本という国の姿を考えるうえでも、腰を据えて向き合うべき話なのである。

2025年1月

安田峰俊

劉麗川『深圳客家研究』南方出版社、2002年

コラム３　華南の方言集団と「福州人」

「世界福州十邑同鄉總會今日赴京展感恩之行」『文匯網』2024年11月17日 https://www.wenweipo.com/a/202411/17/AP673a076ce4b05de93791af27.html

「“習近平同志是一名非常出色的班長和領路人”（上）　習近平在福建（十）」『中國共產黨新聞網』2020年７月６日 http://cpc.people.com.cn/n1/2021/0926/c441135-32236848.html

終 章　漢族と〝中華民族〟

「失落的文明——漢族民族服飾」2005年12月29日 https://www.chinanews.com.cn/m/cul/2017/10-07/8347408.shtml

「共青團中央：為什麼非要把岳飛說成是中華民族的民族英雄不可？」『岳飛網』2017年12月15日 http://www.yuefeiw.com/index.php?m=content&c=index&a=show&catid=13&id=55

あとがき

木村自「「民族」を使いこなす——「脱政治化」論と「民族」の政治論的転換について」『OUFC ブックレット』１巻、2013年３月

津田みわ「民族 Ethnic Group / Tribe / Nation　身近で、実はあいまいなもの」『アジア経済研究所』2006年６月 https://www.ide.go.jp/Japanese/Research/Theme/Pol/Ethnic/200608_tsuda.html

安田峰俊「沖縄「浸透工作」の最前線」『週刊現代』2024年12月７・14日合併号

安田峰俊「沖縄が中国に「侵食」される日」『週刊現代』2024年12月21日号

第７章　チワン族

塚田誠之『壮族社会史研究　明清時代を中心として』国立民族学博物館、2000年
伊藤正子「儂智高の語り方　中越国境少数民族の「英雄」と国家」『東洋文化研究所紀要』142冊、2003年
塚田誠之「中国広西壮（チワン）族とベトナム・ヌン族の民族間関係　文化の比較と交流を中心として」『国立民族学博物館調査報告』63号（中国・東南アジア大陸部の国境地域における諸民族文化の動態）、2006年
塚田誠之「壮族の「民族英雄」儂智高に関する研究の動向と問題点」『国立民族学博物館研究報告』40巻３号、2016年
範宏貴「中越、中老跨國境民族研究」『国立民族学博物館調査報告』63号（中国・東南アジア大陸部の国境地域における諸民族文化の動態）、2006年
クリスチャン・ダニエルス「少数民族の歴史をどうみるのか　近年の研究紹介をかねて」『アジア遊学』No.9、1999年
谷口房男「広西チュアン族土官の族譜」『アジア遊学』No.9、1999年
李虎「拼音壯文推廣的困境與反思」『學術論壇』2011年第４期
唐曉濤「試論“猺”、民、漢的演變――地方和家族歷史中的族群標籤」『民族研究』2010年第２期
何龍群「周恩來積極幫助和促成了廣西壯族自治區的建立」『周恩來紀念網』2020年11月４日 http://zhouenlai.people.cn/n1/2020/1104/c409117-31918637.html
秦暉「“否定”並未徹底，“真相”仍待揭示　從文革中的清華與廣西談起」『歷史　拒絕遺忘（上册）：清華十年文革回憶反思集』（繁體版）中國文化傳播出版社、2015年
柴田孝「中央人民広播電台の少数民族語放送について」『アジア文化学科年報』２号、1999年
『宋史』巻四百九十五、列傳第二百五十四「蠻夷三」
『宋史紀事本末』巻三十一「儂智高」

第８章　〝客家〟

瀬川昌久「客家アイデンティティー形成過程の研究　中華民国初期の著名政治家・軍人の出自をめぐる議論を中心に」『東北アジア研究』９号、2005年
矢吹晋、藤野彰『客家と中国革命　「多元的国家」への視座』東方書店、2010年
篠崎香織「東南アジア華人の思想研究試論　リー・クアンユーのアイデンティティと文化変容」『中国研究月報』559巻、1994年
菊池秀明『越境の中国史　南からみた衝突と融合の三〇〇年』講談社選書メチエ、2020年

2023年
劉正愛『民族生成の歴史人類学　満洲・旗人・満族』風響社、2006年
城市晩報「四平戀人舉辦滿族婚禮 新娘是清朝王爺尚可喜後人」『吉和網』2012年８月27日 https://web.archive.org/web/20130117044757/http://news.365jilin.com/xinwen/20120827/342140.html
「吳京：出身正白旗世代習武 祖上有幾代武狀元」『鳳凰網娛樂』2015年３月11日 https://ent.ifeng.com/a/20150311/42288850_0.shtml
綿貫哲郎「清初の旧漢人と八旗漢軍」『史叢』67巻、2002年
菊地秀明『太平天国　皇帝なき中国の挫折』岩波新書、2020年
「辛亥百年系列　滿與漢的族群關係與政治角力」『中國網』2011年９月９日 http://fangtan.china.com.cn/2011-09/09/content_23389967_3.htm
阿部由美子「『京話日報』から見る中華民国北京政府時期の北京旗人社会」『中国：社会と文化』No.28、2013年

コラム１　モンゴル族

ボルジギン・ブレンサイン（編著）、赤坂 恒明（編）『内モンゴルを知るための60章』明石書店、2015年
楊海英（編）『フロンティアと国際社会の中国文化大革命　いまなお中国と世界を呪縛する50年前の歴史』集広舎、2016年

第６章　ナシ族

木麗春『麗江古城史話』民族出版社、1997年
藤木庸介・北山めぐみ・張天新・山村高淑「観光開発が歴史的市街地の伝統的民家に与えた影響　2017年時における中国雲南省麗江市旧市街地を事例として」『人間文化』48巻、2020年
宗暁蓮「観光文脈における民俗宗教：雲南省麗江ナシ族トンパ教の宗教から民俗活動への展開を事例として」『アジア遊学』215号、2017年

コラム２　中国の民族識別工作と「民族にならなかった人々」

徐其勇「漲知識　國內七個未識別民族」澎湃新聞、2014年７月２日 https://m.thepaper.cn/newsDetail_forward_1253797
「摩梭博物館館長：七成摩梭人仍實行走婚制（圖）」『中國新聞網』2017年10月７日 https://www.chinanews.com.cn/m/cul/2017/10-07/8347408.shtml
窗下夜談「海南臨高人：母語不為漢語卻認同漢族」『搜狐』2020年10月29日 https://www.sohu.com/a/428032563_120031269
秦川「透視中國：穿青人，民族識別的遺留問題」『BBC 中文網』2014年５月21日 https://www.bbc.com/zhongwen/simp/china_watch/2014/05/140521_china_watch_ethnicgroup

年
熊倉潤『民族自決と民族団結　ソ連と中国の民族エリート』東京大学出版会、2020年
水谷尚子『中国を追われたウイグル人　亡命者が語る政治弾圧』文春新書、2007年
水谷尚子『新疆「バレン郷事件」考』『現代中国研究』40巻、2018年
田中周「新疆ウイグル自治区における国家統合と民族区域自治政策　1950年代前半の自治区成立過程から考える」『早稲田政治公法研究』94巻、2010年
星野昌裕「第４章 中国の国家統合と新疆ウイグル自治区の民族問題」『現代中国の政治的安定（現代中国分析シリーズ２）』アジ研選書17号、2009年

第４章　朝鮮族

沈志華（著）、朱建栄（訳）「最後の「天朝」 毛沢東・金日成時代の中国と北朝鮮（上）」岩波書店、2016年
王燕銘「關於全州朝鮮族教育情況的調研報告」『延邊人大』2016年９月11日 http://www.ybrd.gov.cn/ybrd/16dsq1/2016-10-11/173766.html
鄭雅英「中国・延辺朝鮮族自治州紀行―歴史と現在」『立命館経営学』55巻５号、2017年
鄭雅英「越境するナショナルアイデンティティ　中国朝鮮族の1950年代」『政策科学』30巻３号、2023年
朴歓・李仁子「北朝鮮ブームに伴う人びとの移動に関する人類学的研究　1960年代の中国朝鮮族を事例に」『教育思想』46号、2019年
鄭艶紅「中国朝鮮族女性における国際結婚　韓国人男性と国際結婚が行われる社会的要因について」『比較社会文化研究』２号、2007年
高安雄一「韓国における韓国系中国人の就業実態に関する考察」『経済研究』33号、2020年
高鮮徽「中国朝鮮族のグローバルな移動と韓国人、脱北者の関係」『言語と文化』24号、2012年
菅野朋子「韓国に「朝鮮族との融合」という覚悟はあるか」『東洋経済オンライン』2016年７月17日 https://toyokeizai.net/articles/-/126896
菅野朋子「「えっ、何しに行くの？　治安が悪いから気をつけて」韓国人が敬遠する“特殊なチャイナタウン”の正体とは《韓国で進む中国離れ》」『文春オンライン』2023年10月１日 https://bunshun.jp/articles/-/66024

第５章　満族

石橋崇雄『大清帝国』講談社選書メチエ、2000年
張琳『現代中国における満族　生活・信仰・氏族とその変容』風響社、

参考文献

＊主要なもののみ、中国語は繁体字で表記

全体

田畑久夫ほか『中国少数民族事典』東京堂出版、2001年

「中国統計年鑑2021年版」『SciencePortal China』https://spc.jst.go.jp/statistics/stats2021/

第１章　チベット族

田中公明『活仏たちのチベット　ダライ・ラマとカルマパ』春秋社、2000年

阿部治平「2023.12.25 動き始めたダライ・ラマ転生問題」『リベラル21』http://lib21.blog96.fc2.com/blog-entry-6330.html

Daniel Burke. “17th Karmapa Faces Lawsuit” TRICYCLE, 2021.5.28 https://tricycle.org/article/karmapa-lawsuit/

第２章　回族

「回族」『中華人民共和國國家民族事務委員會』https://www.gov.cn/test/2006-04/11/content_250745.htm

北村歳治「中国におけるイスラム化の特異性に関する考察」『アジア太平洋討究』No. 21、2013年

奈良雅史『現代中国の〝イスラーム運動〟　生きにくさを生きる回族の民族誌』風響社、2016年

Wilson Liang. “China’s Puzzling Islam Policy” Stanford Politics, 2018.11.26 https://stanfordpolitics.org/2018/11/26/chinas-puzzling-islam-policy/

柯林「中共“宗教中國化”大動作：沙甸大清真寺面臨拆改」『VOA（中文版）』2023年７月18日 https://www.voachinese.com/a/chinese-authorities-remove-the-dome-and-minarets-of-the-grand-mosque-of-shadian-20230717/7184290.html

「馬駿——長眠於北京的著名回族烈士」『中國伊斯蘭教協會』2021年６月29日 http://www.chinaislam.net.cn/cms/zt/100years/list/202106/29-14841.html

松本ますみ「マレーシアへ脱出する中国の回族」『中国学.com』2024年９月27日 https://sinology-initiative.com/society-and-culture/1794/

第３章　ウイグル族

熊倉潤『新疆ウイグル自治区　中国共産党支配の70年』中公新書、2022

本書は、『中央公論』誌上で六回にわたりおこなわれた短期連載をベースとして、大幅に加筆改定したものである。

地図作成／モリソン
本文ＤＴＰ／市川真樹子

安田峰俊　Yasuda Minetoshi

1982年滋賀県生まれ。紀実作家、立命館大学人文科学研究所客員協力研究員。朝日新聞論壇委員（2023－24）。広島大学大学院文学研究科博士前期課程修了（中国近現代史）。著書『八九六四「天安門事件」は再び起きるか』（KADOKAWA、第５回城山三郎賞、第50回大宅壮一ノンフィクション賞）、『「低度」外国人材』（KADOKAWA）、『現代中国の秘密結社』（中公新書ラクレ）、『中国ぎらいのための中国史』（PHP 新書）など。

中公新書ラクレ 832

民族《みんぞく》がわかれば中国《ちゅうごく》がわかる

帝国化《ていこくか》する大国《たいこく》の実像《じつぞう》

2025年２月10日発行

著者……安田峰俊《やすだみねとし》

発行者……安部順一

発行所……中央公論新社

〒100-8152 東京都千代田区大手町 1-7-1

電話……販売 03-5299-1730　編集 03-5299-1870

URL https://www.chuko.co.jp/

本文印刷…三晃印刷　カバー印刷…大熊整美堂　製本…小泉製本

Published by CHUOKORON-SHINSHA, INC.
Printed in Japan ISBN978-4-12-150832-4 C1222